Halbwahrheiten

Fröhliche Wissenschaft 174

Nicola Gess

Halbwahrheiten

Zur Manipulation von Wirklichkeit

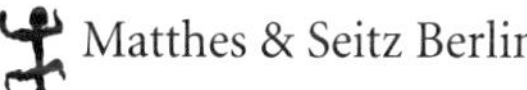

Inhaltsverzeichnis

Einleitung

Halbwahrheiten desorientieren den menschlichen Wirklichkeitssinn.[1] Sie bringen, mit Hannah Arendt gesprochen, den »Grund, auf dem wir stehen«, ins Wanken, indem sie vom Zwang der Tatsachen, der durchaus unbequem sein kann, in die Willkür der Spekulation führen.[2] Denn sie missachten eine Grenze, deren Einhaltung die Voraussetzung für das »politische Leben« der Menschen, für ihr »Zusammenhandeln« ist: »Die Politik kann die ihr eigene Integrität nur wahren und das ihr inhärente Versprechen, daß Menschen die Welt ändern können, wenn sie die Grenzen, die diesem Vermögen gezogen sind, respektiert«.[3] Eine solche Grenze stellt für Arendt die »Tatsachenwahrheit« dar, ob im Sinne vergangener Ereignisse, zu deren Verifikation es der »Augenzeugen […] oder Dokumente, Aufzeichnungen, Denkmäler aller Art« bedarf,[4] oder im Sinne der wissenschaftlichen Erkenntnis, die in einem »durch gegenseitige Kontrolle, Überprüfung und Kritik strukturierten Forschungsprozess der *scientific community*« etabliert wird.[5] Denn die Tatsachenwahrheit gibt der diskursiven Meinungsbildung, die für Arendt das

Wesen (demokratischer) Politik ausmacht, »den Gegenstand vor« und setzt ihr zugleich Grenzen.[6] Das heißt: Sie schützt sie vor ihrer Neigung zur Spekulation: »Die Tatsacheninformation [...] hält die Spekulation in Schranken«.[7] Halbwahrheiten setzen, während sie sich an Tatsachen zu orientieren scheinen, diese Spekulation frei. Während der Lügner *ex negativo* an die Wahrheit gebunden bleibt, öffnen Halbwahrheiten die Tür zu einem derzeit oft als »postfaktisch« bezeichneten Universum, in dem die narrative Kohärenz oder die Konsensfähigkeit einer Aussage über deren Erfolg entscheidet, nicht aber die »Unterscheidung von Wahrheit oder Unwahrheit«, die für den »menschlichen Orientierungssinn im Bereich des Wirklichen« grundlegend ist.[8]

Halbwahrheiten sind Äußerungen, die nur zu einem Teil auf tatsächlichen Ereignissen, zu einem anderen aber auf fiktiven Inhalten basieren; Äußerungen, die reale Sachverhalte übertreiben, umdeuten oder in falsche Zusammenhänge stellen; oder auch Äußerungen, die wesentliche Informationen weglassen. Sie gehören zu den auffälligsten und wirkmächtigsten, jedoch zugleich am wenigsten untersuchten Instrumenten des sogenannten postfaktischen politischen Diskurses und des häufig mit diesem in Verbindung gebrachten Rechtspopulismus, der gegenwärtig inner- und außerhalb Europas Erfolge feiert.[9] Nicht von ungefähr wurde »postfaktisch« im Jahr 2016 von der Deutschen Gesellschaft für Sprache zum Wort des Jahres gewählt,[10] also im Jahr der Brexit-Abstimmung und der Wahl Donald Trumps zum Präsidenten der USA. Trump stützte beispielsweise seine Behauptung, bei der amerikanischen Präsidentschaftswahl 2016 seien drei bis fünf Millionen der für Hillary Clinton abgegebenen Stimmen illegal und somit sei eigentlich er selbst der Sieger des *popular vote* gewesen, bei einem Treffen mit *House* und *Senate Leaders* am 23. Januar 2017 auf folgende Halbwahrheit: Sein Freund, der Golfer Bernhard Langer, habe ihm erzählt, er sei in einem Wahllokal in Florida abgewiesen worden, während andere Wartende ihre Stimmen hätten abgeben dürfen, obwohl sie wie illegale Einwanderer ausgesehen hätten.[11] Die Geschichte verbreitete sich rasch, auch in den deutschen Medien, und Langer, der als deutscher Staatsbürger in den USA gar nicht wählen darf, korrigierte dahingehend, dass er sie nur von einem Freund gehört und sie dann einem anderen Freund erzählt habe, der sie einem weiteren Freund erzählt habe, der über Verbindungen zum Weißen Haus verfüge, wo die Geschichte dann entsprechend verzerrt worden sei.[12] Gleichwohl kündigte Trump eine Investigation des Wahlbetrugs an.[13]

Vier Jahre später, nach der amerikanischen Präsidentschaftswahl 2020, behaupteten Trump,

Mitglieder der republikanischen Partei und zahlreiche Anhänger:innen erneut, es habe massenhaften Wahlbetrug gegeben, und Präsident Trump sei darum der eigentliche Gewinner der Wahl. Zum Beweis wurden abermals Halbwahrheiten ins Feld geführt. So twitterte die frisch gewählte Kongressabgeordnete Marjorie Taylor Greene am 4. November: »Joe Biden hat vor laufender Kamera gesagt, dass die Demokraten die größte ›Operation zum Wahlbetrug‹ in der Geschichte aufgebaut haben. Wir sehen sie gerade vor unseren Augen ablaufen!«[14] Dazu verlinkte sie einen Videoclip, den vor der Wahl bereits Trump und die Pressesprecherin des Weißen Hauses Kayleigh McEnany zirkuliert und ihrerseits kommentiert hatten. In der Tat sagt der gewählte Präsident Joe Biden in dem Video: »Wir haben, glaube ich, die größte und umfassendste Wählerbetrugsorganisation in der Geschichte der amerikanischen Politik aufgebaut.«[15] Doch reißt der Videoclip diesen Satz aus dem Kontext, einem halbstündigen Interview zehn Tage vor der Wahl.[16] Aus den unmittelbar vorangegangenen und nachfolgenden Sätzen hätte sich nämlich ergeben, dass Biden sich hier nicht auf Bemühungen um Wahlbetrug, sondern im Gegenteil um die *Verhinderung* von Wahlbetrug bezieht, und dass er mit seiner Aussage Menschen Mut machen wollte, sich nicht von republikanischen Bestrebungen, sie von der Wahl abzuhalten, einschüchtern zu lassen.[17]

Halbwahrheiten wie diese stellen ein wesentliches Instrument der postfaktischen Rhetorik dar – so die Kernthese des vorliegenden Essays. Sie haben, mit Arendt gesprochen, das Potenzial zur Entschränkung des politischen Diskurses, werden aber ebenso häufig eingesetzt, um diesen zu stützen, etwa wenn mit ihrer Hilfe Tatsachen so beschönigt werden, dass sie eine Konsensfindung ermöglichen. Das ist ihre changierende und zugleich faszinierende Funktion im Feld des Politischen. Selbst wo sie stabilisieren, drohen sie in ihren Nebenfolgen den politischen Diskurs zu unterminieren, indem sie Spekulation und auch Fiktion freisetzen.

Halbwahrheiten verbreiten sich häufig rasant, insbesondere in den sozialen Netzwerken, wo sie nicht nur eifrig kommentiert, sondern oft auch weiterentwickelt und durch ähnliche Geschichten ergänzt werden. Als Instrument des postfaktischen politischen Diskurses sind sie extrem erfolgreich und schwerer zu bekämpfen als offensichtliche Lügen. Letzteres liegt vor allem daran, dass ihre Widerlegungen in der Regel dem Muster des »Ja, aber« folgen und schon allein aufgrund dieser Komplexitätssteigerung weniger Gehör finden oder in der Rezeption auf das »Ja« reduziert werden. Darum gehören sie auch, wie die Philosophen Vincent F. Hendricks und Mads Vestergaard herausarbeiten, zu den beliebtesten Formen der Falschinformation: »Fehlinformation [...] ist meistens nicht einfach falsch, sondern ein Mischprodukt. Das Rezept besteht in der passenden Vermengung von Wahrem und Falschem.«[18] In ihrem Beispiel dazu beziehen sie sich auf die Falschnachricht eines kleinen und obskuren Nachrichtensenders (Donbass News Agency), der am 4. Januar 2017 berichtete, dass die USA dabei seien, 3600 Panzer nach Europa zu schicken, als Teil von »Nato-Kriegsvorbereitungen gegen Russland«.[19] Dabei handelte es sich allerdings um eine Halbwahrheit, denn, wie die Autoren – hierbei dem oben beschriebenen »Ja, aber«-Muster folgend – aufklären: »Zwar stimmte, dass die USA ihre Streitkräfte in Europa verstärken wollten, aber nicht mit Panzern und schon gar nicht in der Größenordnung, wie von der Donbass News Agency angegeben.«[20] Gleichwohl oder vielmehr gerade deswegen ging die Geschichte innerhalb weniger Tage viral: »[Sie] wurde von Medien in den USA, Kanada und Europa übernommen, 40.000-fach geteilt, ins Norwegische übersetzt, von der staatlichen russischen Nachrichtenagentur RIA Novosti zitiert und erfreute sich auch sonst beträchtlicher Aufmerksamkeit.«[21]

Anders als die Untersuchung der Affektbetontheit oder der Phraseologismen des postfaktischen Diskurses erlaubt der Fokus auf die Halbwahrheit ein anderes zentrales Element, nämlich sein spezifisches Spiel mit der Wahrheit, genauer in den Blick zu nehmen.[22] Der Begriff der Halbwahrheit impliziert sowohl das Festhalten an als auch die Diffusion einer klaren Unterscheidung von »wahr« und »falsch«. Mit ihm lässt sich sowohl ein bestimmter Typus von Falschaussage treffend bezeichnen als auch ein diffuser Gesamteindruck vermitteln, dass eine Behauptung nicht gänzlich unwahr sei. All das macht ihn aber auch schwierig zu definieren, gehört es doch zum Kern von Halbwahrheiten, sich ihrer genauen Festlegung zu entziehen.

Im ersten Kapitel des vorliegenden Essays soll es daher zunächst einmal um die Herausforderung gehen, die die Halbwahrheiten des postfaktischen Diskurses für dessen Kritik bedeuten; außerdem sollen mit Relativismus, Zynismus und Autoritarismus drei Positionen dargestellt werden, die einen politischen Diskurs im Zeichen der Halbwahrheit grundieren. Das zweite Kapitel beschäftigt sich dann mit einer tentativen Theorie der Halbwahrheit als narrativer Kleinform, die nicht nach dem binären Code *wahr/falsch*, sondern *glaubwürdig/unglaubwürdig* operiert und das Fiktive in die faktuale Erzählung einwandern lässt. In Beispielanalysen stütze ich mich hier vor allem auf entsprechende Äußerungen Trumps und seiner Anhänger:innen, die zwar mittlerweile schon zur Gewohnheit geworden, darum aber nicht weniger problematisch sind. In den Kapiteln drei bis fünf folgen schließlich ausführliche Fallstudien, die den Einsatz des hier zu entwickelnden analytischen Begriffs der Halbwahrheit an drei etwas komplexeren Beispielen aus der medialen Öffentlichkeit testen: der Fall des ehemaligen *Spiegel*-Journalisten Claas Relotius, anhand dessen ich mich mit den Halbwahrheiten des journalistischen Hochstaplers auseinandersetze; der Fall Ken Jebsen, Betreiber einer privaten Website und eines YouTube-Kanals, anhand dessen ich den Einsatz von Halbwahrheiten in Corona-Verschwörungstheorien untersuche; und der Fall des Literaten und öffentlichen Intellektuellen Uwe Tellkamp, anhand dessen ich der Verwendung von Halbwahrheiten im Rahmen einer rechtspopulistischen Medienkritik und Migrationsfeindschaft nachgehe.

Halbwahrheit und Ideologiekritik

Woran liegt es, dass Halbwahrheiten – einmal abgesehen von dem »postfaktischen« politischen Diskurs, in dem sie sich bewegen – gegenwärtig Konjunktur haben?[23] Halbwahrheiten gab und gibt es schließlich schon immer und überall. Sind sie also in letzter Zeit vielleicht nur sichtbarer geworden, etwa weil sie durch die neuen (sozialen) Medien ungefilterter verbreitet werden können? Oder weil das Web 2.0 der Struktur von Halbwahrheiten entgegenkommt, insofern es als eine »digitale, zwischen Oralität und Schrift oszillierende Form des Hörensagens« funktioniert, in der diejenige Nachricht, die sich am schnellsten und weiträumigsten verbreitet, am ehesten als wahr empfunden wird?[24]

Doch sind die sozialen Medien und ihre Nutzer:innen keineswegs gänzlich von Halbwahrheiten und anderen Falschnachrichten bestimmt. Der virtuelle Raum ist ein hybrider Ort öffentlicher Meinungsbildung, in ihm finden sich Falschinformationen neben fundierten Analysen und sorgfältig recherchiertem Hintergrundwissen. Er ist ein Ort der Wahrheit und Unwahrheit zugleich. Ihn in Gänze als Ursache einer Zunahme von Halbwahrheiten zu verstehen, greift daher zu kurz.[25] Vielmehr fungieren in den sozialen Medien vor allem einzelne und häufig rechtspopulistische Seiten oder Akteure, wie zum Beispiel Donald Trump, als deren twitternde Superspreader.[26] Liegt der Grund für die Konjunktur der Halbwahrheiten also vielleicht, mit Arendt gesprochen, in einem drohenden Verlust der Integrität der Politik am rechten Rand? Gleichzeitig wird das Erstarken des Rechtspopulismus aber auch oft mit einem schon länger wahrgenommenen Verlust der Integrität der Politik der *Mitte* beziehungsweise einer damit einhergehenden Vertrauenskrise der Bevölkerung gegenüber Politik als solcher erklärt.[27] Nur deshalb können sich Trump und andere Rechtspopulistinnen und -populisten als Volkstribune gerieren, die vorgeblich mit den Lügen einer korrupten Politik aufräumen wollen.

Um sich der Funktion von Halbwahrheiten bewusst zu werden, ist es daher vielleicht zunächst sinnvoller, diese nicht als Gegenstück zu einer wie auch immer gearteten »Wahrheit« anzusehen, sondern auf Theodor W. Adornos Begriffe von Ideologie und Ideologiekritik zu rekurrieren. Interessanterweise kommt eine der treffendsten Analysen des Rechtsrucks unserer Zeit nämlich aus der Vergangenheit: Wie in vielen

Rezensionen betont wurde, ist mit der posthumen Herausgabe von Adornos Vortrag »Aspekte des neuen Rechtsradikalismus« von 1967 »dem Verlag ein Coup gelungen«, insofern der Text »noch heute von schlagender Evidenz« sei und sich »wie ein Kommentar zum Aufstieg der AfD« lese.[28] In Bezug auf die Frage nach der Konjunktur von Halbwahrheiten in einem postfaktischen politischen Diskurs lohnt es sich also vielleicht, einen weiteren Text Adornos heranzuziehen, den »Beitrag zur Ideologienlehre« (1954).[29]

Bis zum *discursive turn* der 1970/80er-Jahre war Ideologiekritik das Kernelement sich als gesellschaftskritisch verstehender Theorie; man wollte subtile Herrschaftsmechanismen offenlegen und so »verblendete« Bürger:innen aufklären. Wegen seines starken elitären Sendungsbewusstseins und seiner fundamentalen Orientierung an den Kategorien *wahr* und *falsch* geriet der Ideologiebegriff jedoch unter Beschuss und schließlich in Vergessenheit.[30] Ist heute, wo sich die Frage von Wahrheit und Falschheit neu stellt, seine Renaissance notwendig?[31]

In seinem »Beitrag zur Ideologienlehre« schreibt Adorno 1954 über die bürgerlich-liberale Ideologie, die für seinen Ideologiebegriff maßgeblich ist und zu der man zum Beispiel die Ideen der Freiheit, Gleichheit und Gerechtigkeit zählen kann:

> Als objektiv notwendiges und zugleich falsches Bewußtsein, als Verschränkung des Wahren und Unwahren, die sich von der vollen Wahrheit ebenso scheidet wie von der bloßen Lüge, gehört Ideologie [...] einer entfalteten städtischen Marktwirtschaft an. Denn *Ideologie ist Rechtfertigung*. Sie erheischt ebenso die Erfahrung eines bereits problematischen gesellschaftlichen Zustandes, den es zu verteidigen gilt, wie andererseits die Idee der Gerechtigkeit selbst, ohne die eine solche apologetische Notwendigkeit nicht bestünde und die ihr Modell am Tausch von Vergleichbarem hat.[32]

Adorno spricht hier die Sprache einer marxistisch orientierten Gesellschaftskritik. »Wahr« (das heißt hier: *realisiert*) ist demnach die Idee der Gerechtigkeit im bürgerlich-liberalen Zeitalter, insofern sie einer auf dem Tausch basierenden Ökonomie adäquat ist. »Unwahr« bzw. »notwendig falsch« ist diese Wahrheit aber zugleich, insofern der Äquivalententausch eine Realität erzeugt, die sich durch Ungleichbehandlungen auszeichnet. Falsch ist es zudem für Adorno nicht nur, diese soziale Realität als eine gerechte misszuverstehen, sondern falsch ist auch die Ungerechtigkeit als solche – und zwar gemessen an der Idee von Gerechtigkeit als einem der Ideologie innewohnenden Anspruch oder auch »Wahrheitsgehalt«, den sie verfehlt.

Die »Wahrheit« der Gerechtigkeit ist also ideologisch, doch lässt sich diese Ideologie kritisieren, indem der erfahrbare Widerspruch zwischen der Idee von Gerechtigkeit und der sozialen Realität herausgestellt wird. Dabei wird die Warte, von der aus die ideologische Wahrheit als »unwahr« oder »falsch« kritisiert wird, erst im Prozess der immanenten Kritik gewonnen. *Zugleich wahr und falsch* zu sein, meint im Fall der Ideologiekritik also (anders als im Fall der Halbwahrheit) gerade *keine* Suspendierung der Unterscheidung, sondern setzt einen sowohl epistemisch wie normativ begründeten und letztlich »emphatischen« Wahrheitsbegriff voraus,[33] der erst in der Methode der immanenten Kritik gewonnen wird und bei Adorno nur negativ, das heißt als Negation des falschen Bestehenden zu haben ist.[34] Insofern ist Adornos Ideologiekritik, wie die Philosophin Rahel Jaeggi schreibt, zugleich »nichtnormativ und dennoch normativ bedeutsam«: »sie generiert […] aus den Selbstwidersprüchen der gegebenen Normen und der gegebenen Realität die Maßstäbe zu deren Überwindung«.[35]

Für die spätkapitalistische Gesellschaft konstatiert Adorno jedoch, dass die Ideologie in ihr nicht mehr »zum Seienden […] als Rechtfertigendes oder Komplementäres hinzugefügt« werde, sondern »in den Schein übergeht, was ist, sei unausweichlich und damit legitimiert«.[36] Darum lässt sich für diese eigentlich nicht mehr von einer Ideologie im obigen Sinne sprechen und auch keine herkömmliche Ideologiekritik mehr betreiben, die die soziale Realität mit den in ihr nur ungenügend realisierten Ideen ins Verhältnis setzen müsste. Außerdem wird dadurch auch die ideologiekritische Unterscheidung von *wahr* und *falsch* zum Problem, wie sich anhand von drei für Adornos Nachdenken über die Aushöhlung der bürgerlich-liberalen Ideologie zentralen Stichworten – Kulturindustrie, Relativismus, Faschismus – nachvollziehen lässt.

Über die spätkapitalistische Kulturindustrie schreibt Adorno: »Wollte man in einem Satz zusammendrängen, worauf eigentlich die Ideologie der Massenkultur hinausläuft, man müßte sie als Parodie des Satzes: ›Werde was du bist‹ darstellen.«[37] Sie beschränke sich nun darauf, »den Menschen nur noch einmal das vor Augen zu stellen, was ohnehin die Bedingung ihrer Existenz ausmacht«[38], und dieses Dasein zugleich »als seine eigene Norm«[39] zu proklamieren: »Nichts bleibt als Ideologie zurück denn die Anerkennung des Bestehenden selber, Modelle eines Verhaltens, das der Übermacht der Verhältnisse sich fügt.«[40] Heute lässt sich das vielleicht am besten anhand des auf den Thatcherismus zurückgehenden *TINA*-Prinzips (»There Is No Alternative«) veranschaulichen, nach dem es schlicht keine Alternative zur bestehenden, allein auf den Markt beziehungsweise auf die Wettbewerbsfähigkeit ausgerichteten Politik und ihren Maßnahmen gebe, denen sich die Bürger:innen zu fügen haben. Wo es keine Alternative zum Bestehenden gibt, kann dieses aber weder falsch noch im emphatischen Sinne wahr sein; die Ausrichtung daran geht verloren zugunsten der Postulierung von Wahrheit als schlichter Alternativlosigkeit. Diesem unipolaren Prinzip lässt sich dann auch schwerlich mit Ideologiekritik als einer Form der immanenten Kritik begegnen, sondern allenfalls, so Adorno schon vor gut 65 Jahren, mit einer »Analyse des cui bono«[41]: Wer hat ein Interesse daran, das Bestehende als »einzige Wahrheit« bzw. alternativlos zu postulieren?

So kritisch und notwendig diese Frage ist, so leicht schlägt sie jedoch Adorno zufolge in einen Relativismus um, den er als philosophische Entsprechung des »Niedergang[s] der Möglichkeit von Freiheit«[42] kritisiert. Dem Prinzip der Alternativlosigkeit entspreche eine relativistische Position, die nicht nur die massenkulturelle Wahrheit des Spätkapitalismus, sondern Wahrheit überhaupt nur noch als Machteffekt denken könne und so die »Gültigkeit der Kausalität« insgesamt infrage stelle.[43] Adorno versteht den erkenntniskritischen Relativismus mithin nicht nur als notwendige Kritik an, sondern zugleich auch als Konsequenz aus einem technokratischen Positivismus, dem mit der bürgerlich-liberalen Ideologie die Perspektive auf *jede* das bloße Bestehende transzendierende Wahrheit abhandengekommen sei.[44]

Adorno beschreibt in seinem Resümee der spätkapitalistischen Gesellschaft also einen Gesellschaftszustand, in dem das Faktische zur neuen Norm geworden ist. Ideologie bedeutet nun nicht mehr Rechtfertigung der sozialen Realität durch die in ihr vorgeblich realisierten Ideen von Freiheit, Gleichheit, Gerechtigkeit, Humanität, sondern sie ist insofern total geworden, als sie sich auf die bestätigende Widerspiegelung des Bestehenden beschränkt.

Dadurch schwindet aber auch die Basis jeder Kritik, nämlich der erfahrbare Widerspruch zwischen der sozialen Realität und dem »Element der Wahrheit in den Ideologien«[45]. Der Kritik fehlt ihr Koordinatensystem, sodass wer über die Alternativlosigkeit der bestehenden Verhältnisse irgendwann doch noch ins Grübeln gerät, gar nicht mehr sagen kann, was genau eigentlich an ihnen falsch und was richtig ist beziehungsweise warum sich etwas Richtiges in Falsches verkehrt hat oder wie aus dem Unwahren etwas Wahres zu gewinnen wäre. Was als Option übrigbleibt, ist dann nur noch *alles* in Bausch und Bogen abzulehnen, *alles* für lügenhaften Schein und das Streben nach Wahrhaftigkeit für ebenso naiv zu erklären wie die

Orientierung an anderen regulativen Ideen – eine Haltung, die man als zynisches Pendant des von Adorno kritisierten intellektuellen Relativismus betrachten kann. Der Konjunktur der Halbwahrheiten arbeitet beides zu oder stellt ihr jedenfalls nicht viel entgegen, beziehen Halbwahrheiten ihre suggestive Wirkkraft doch ebenfalls aus der Suspendierung jeder Unterscheidung.

Für Adorno ebnet der Relativismus letztlich den Weg in den Totalitarismus oder macht mindestens hilflos gegenüber seinen Positionen.[46] Denn diejenige »Ideologienlehre«, für die Wahrheit nur noch Funktion einer sich durchsetzenden Macht sei und die also dem »in Beziehung auf die objektiven Verhältnisse faßbaren Element der Wahrheit der Ideologien« nicht mehr nachforsche, tauge »trefflich selber zur Ideologie des totalitären Machtstaates. Indem sie vorweg alles Geistige dem Propaganda- und Herrschaftszweck subsumiert, bereitet sie dem Zynismus das wissenschaftlich gute Gewissen.«[47] Dasselbe Problem habe auch der Spätliberalismus – eine Beobachtung, die für die heutige und schon von Arendt erkannte Tendenz zur Verkehrung von Tatsachen in Meinungen (und umgekehrt) vielleicht besonders relevant ist:

> Der politische Spätliberalismus, der im Begriff der Meinungsfreiheit ohnehin eine gewisse Affinität zum Relativismus besaß, insofern jedem

> erlaubt sei, zu denken was er will, gleichgültig ob es wahr ist, weil ja doch jeder nur denke, was für seinen Vorteil und seine Selbstbehauptung am günstigsten sei, – dieser Liberalismus war keineswegs gefeit gegen solche Perversionen des Ideologiebegriffs. Auch darin bestätigt sich, daß […] inmitten der Kultur die Kräfte von deren Zerstörung heranreiften.[48]

Was auf dem Boden des Relativismus gedeiht, lässt sich also bestens vom Faschismus instrumentalisieren: ein zynisches Verhältnis zur Wahrheit, das sich ebenfalls nicht mehr mit dem herkömmlichen Ideologiebegriff verträgt. Und zwar erstens, weil der Faschismus, so Adorno, das Falsche ins Wahre und das Wahre ins Falsche verkehre, insofern er den Wahrheitsgehalt der bürgerlich-liberalen Ideologie infrage stelle, indem er auf ihre mangelnde Entsprechung in der sozialen Realität hinweise, und insofern er die Falschheit der realen Situation affirmiere beziehungsweise zur eigentlichen Wahrheit im Sinne einer Gleichsetzung von Wahrheit und Herrschaft erkläre, wie Adorno in »Pseudomenos« herausarbeitet:

> [D]er Faschismus ist in der Tat weniger »ideologisch«, insoweit er das Prinzip der Herrschaft unmittelbar proklamiert, das anderswo sich versteckt. Was immer die Demokratien

> an Humanem ihm entgegenzustellen haben, kann er spielend widerlegen mit dem Hinweis darauf, daß es ja doch nicht die ganze Humanität, sondern bloß ihr Trugbild sei, dessen er mannhaft sich entäußerte.[49]

Und zweitens instrumentalisiere der Faschismus das zynische Verhältnis zur Wahrheit, indem er an die Stelle der Ideologie die Propaganda setze:

> Ihre [Hitlers und Rosenbergs, Anm. N. G.] Niveaulosigkeit […] ist Symptom eines Zustandes, den der Begriff von Ideologie […] gar nicht mehr unmittelbar trifft. In solchem Gedankengut spiegelt kein objektiver Geist sich wider, sondern es ist manipulativ ausgedacht, bloßes Herrschaftsmittel.[50]

Dabei sei entscheidend, dass »kein Mensch, auch die Wortführer nicht, erwartet hat, daß es geglaubt oder als solches ernst genommen werde«[51] – daher der Zynismus, den man heute beispielsweise auch in Trumps postfaktischer Rhetorik und der bedingungslosen Gefolgschaft seiner Anhänger:innen wiedererkennen kann. Ohne hier eine Gleichsetzung vornehmen zu wollen, bedient sich der Rechtspopulismus also durch aus bewährter Mittel. Denn die als solche durchschaubare Propaganda dient letztlich nur dazu,

Macht zu demonstrieren.[52] Es geht hier nicht nur um die Verkehrung von Wahrheit und Lüge in der Propaganda, sondern letztlich um die vollständige Irrelevanz dieser Unterscheidung in einem totalitären System, das seine Wahrheit gewaltsam *setzt*: »Die Umsetzung aller Fragen der Wahrheit in solche der Macht [...] unterdrückt sie nicht bloß, wie in früheren Despotien, sondern hat bis ins Innerste die Disjunktion von Wahr und Falsch ergriffen.«[53]

Adorno stellt diese Überlegungen vor einem halben Jahrhundert an, und es wäre unangemessen, sie einfach auf die heutige Situation übertragen zu wollen. Gleichwohl sind viele seiner Beobachtungen von erstaunlicher Aktualität; so beispielsweise seine Ausführung über den Umschlag eines kritischen in einen relativistischen bis zynischen Wahrheitsbegriff, der die derzeitige Inflation von Halbwahrheiten, wo nicht vollständig zu erklären, so doch zu verstehen ermöglicht. Hilft also die ideologiegeschichtliche Erzählung Adornos, die von der Kritik der bürgerlich-liberalen Ideologie über die einer »pervertierte[n] Ideologie«[54] der Massenkultur und des spätliberalistischen Relativismus bis zu derjenigen der faschistischen Propaganda führt, um die gegenwärtige Situation – das heißt sowohl den postfaktischen politischen Diskurs wie den ihn prägenden Rechtspopulismus – besser einordnen zu können?

Nehmen wir beispielsweise die rechtspopulistische Medienkritik, auf die in den Kapiteln über Jebsen und Tellkamp noch ausführlicher zurückzukommen sein wird. Mit Adorno ließe sich argumentieren, dass die Behauptung, die Leitmedien reproduzierten nur das technokratische Weltbild, und dessen Dogma der Alternativlosigkeit diene vor allem der Aufrechterhaltung gegenwärtiger Machtverhältnisse, durchaus triftig sei, dass diese Kritik aber in einen falschen Relativismus kippt. Und zwar dann, wenn sie zum Anlass genommen wird, Wahrheit generell nur noch als Machteffekt oder Machtinstrument zu behandeln und sich insofern berechtigt zu sehen, gegen die vermeintliche Alternativlosigkeit »alternative facts« (so Kellyanne Conway im Januar 2017 in Bezug auf Äußerungen des US-Pressesprechers Sean Spicer[55]) in die Welt zu setzen, die sich unabhängig von rationalen Begründungen oder empirischer Evidenz schlicht nach den eigenen Meinungen, Selbstbildern und Zielen richten und auf eine entsprechende Manipulation von Wirklichkeit zielen.

Hierher gehören dann auch *alternative Narrative*, wie zum Beispiel das populistische Grundnarrativ von Volk versus Elite, auf das unter anderem im Kapitel über Jebsen noch zurückzukommen sein wird, oder auch das von Inklusion (der autochthonen Bevölkerung) versus Exklusion (alles Fremden), das mit Stichworten wie

Heimat und nationaler Identität, Bedrohung und Überfremdung aufgerufen wird. Diese Narrative wären dann weniger als »Re-Ideologisierung des politischen Feldes« zu verstehen[56] denn als Instrumente der Selbst- und Fremdmanipulation.

Von hier aus ist es dann nur noch ein kurzer Schritt zu einem zynischen Verhältnis zur Wahrheit, das »alternative Wahrheiten« noch nicht einmal mehr für wahr hält, ihnen aber aus anderen, zum Beispiel emotionalen Gründen trotzdem Glauben schenkt oder mit ihnen schlicht maximale Aufmerksamkeit erreichen oder Setzungsanspruch und -macht demonstrieren will. Das gilt zum Beispiel für die AfD, die die Kritik am Dogma der Alternativlosigkeit und die Sehnsucht nach einer Alternative allein mit ihrem Namen bedient (Alternative für Deutschland), deren Programm aber in ihrem »gemäßigten« Flügel darauf hinausläuft, unter Beibehaltung der neoliberalen Agenda den Frustrierten lediglich ein Ventil in Fremden- und Europafeindlichkeit zu bieten, und in ihrem völkischen Flügel darauf, mit der Kritik an der Scheinhaftigkeit der bürgerlich-liberalen Ideologie deren regulative Ideen von Freiheit, Gleichheit und Gerechtigkeit gleich ganz zu verwerfen und das Zurück in einen offenen Autoritarismus zu propagieren, in dem mithilfe von »Ressentiments und völkischem Einheitsdenken« regiert wird.[57]

Die Halbwahrheiten, um die es mir im vorliegenden Essay geht, sind, mit Adorno gesprochen, in einem Diskursraum verortet, in dem die Ausrichtung an einer bürgerlich-liberalen Ideologie der Freiheit, Gleichheit, Gerechtigkeit, Humanität und nicht zuletzt auch der Wahrheit brüchig geworden zu sein scheint. An ihre Stelle tritt eine normative Macht des Faktischen, dessen Alternativlosigkeit die Frage nach der Wahrheit in Relativismus, Zynismus oder Autoritarismus kippen lässt. Adorno kritisiert diese ideologische »Pervertierung« von Ideologie; die Rhetorik der Halbwahrheiten hingegen macht sie sich zunutze, indem sie die Irrelevanz der Unterscheidung von *wahr* und *falsch* performiert und auf diese Weise die Macht des Faktischen letztlich in eine Macht der Spekulation oder sogar der Fiktion umschlagen lässt. Insofern wäre es unangemessen, den Halbwahrheiten des postfaktischen Diskurses mit Ideologiekritik im herkömmlichen Sinne begegnen zu wollen. Vielmehr gilt es zu analysieren, welche Funktion ihnen in einem politischen Diskurs zukommt, der zwischen Relativismus und Zynismus schwankt und für den die Verwandlung von Fakten in bloße Meinungen und umgekehrt ebenso typisch ist wie das Streben nach Aufmerksamkeit als neuer Leitwährung und die Demonstration autoritärer Setzungsmacht.[58]

Die meisten Halbwahrheiten lassen sich durch einen Faktencheck korrigieren, und auch ich unterziehe jedes einzelne meiner Beispiele einem solchen. So wichtig und notwendig dies ist, reichen Überprüfung und mögliche Richtigstellung jedoch nicht aus. Zum einen geht man den Halbwahrheiten mit einem Faktencheck nämlich insofern auf den Leim, als man ihre Suggestion, es ginge tatsächlich um empirische Evidenz, ernst nimmt und damit zugleich auch die aus dem Diskurs der Alternativlosigkeit übernommene positivistisch dogmatische Geste affirmiert, die Berufung auf die richtigen Fakten entbinde von der Notwendigkeit des Urteilens. Zum anderen erfasst man damit aber auch noch nicht, wie Halbwahrheiten im postfaktischen Diskurs funktionieren und warum sich ihre Anhänger:innen in der Regel als immun gegen jeden Faktencheck erweisen. Denn Halbwahrheiten operieren gerade nicht nach dem binären Schema *wahr/falsch*, sondern nach Schemata wie *glaubwürdig/unglaubwürdig*, *affektiv/nüchtern*, *konnektiv/geschlossen* und in einem narrativen Rahmen, für den die innere Kohärenz und nicht die Korrespondenz mit externen Sachverhalten entscheidend ist. Die Expertise für diese Schemata und Rahmungen liegt aber nicht beim Faktencheck, sondern bei der Fiktionstheorie und Narratologie, über die im nächsten Kapitel zu sprechen sein wird.

Halbwahrheiten erzählen

Die Halbwahrheiten, die mich interessieren und die im sogenannten »postfaktischen Diskurs« eine zentrale Rolle spielen, stellen im Interesse einer bestimmten politischen Position oder der Selbstdarstellung einen Sachverhalt tendenziös dar, um andere Personen von diesem zu überzeugen oder deren bereits vorhandene Überzeugungen zu bestätigen.[59] Sie sind, wie in diesem Kapitel genauer auszuführen sein wird, häufig narrativ verfasst und legen es nicht auf Wissen und Beweisbarkeit, sondern auf Glauben und Glaubwürdigkeit an. Es handelt sich um faktuale Erzählungen mit realen und fiktiven Inhalten, die jedoch nicht als solche (das heißt als fiktiv) ausgewiesen werden.[60] Mit dem Gerücht teilt die Halbwahrheit den Modus ihrer Verbreitung und eine Neigung zum Fabulieren; von ihm unterscheidet sie jedoch, dass sie notwendig auf Faktisches Bezug nimmt und dass sie von denjenigen, die sie (weiter-)verbreiten, auch geglaubt, wenn auch nicht notwendig für wahr gehalten wird. Manche Halbwahrheiten haben die Form von allgemeinen Narrativen, manche, wie zum Beispiel Trumps eingangs erwähnte

Golfer-Story, haben eher die Form von kurzen, häufig in unterschiedlichen Variationen auftauchenden Geschichten. Mit politischen Anekdoten teilen Halbwahrheiten-Geschichten ihre Kürze, ihren Anspruch auf Faktizität und Repräsentanz; ein wichtiger Unterschied liegt jedoch darin, dass Halbwahrheiten in der Regel keine an sich denkwürdigen Gegebenheiten erzählen und sich auch nicht als literarische Kleinodien verstehen. Sondern sie gewinnen an Interesse allein durch ihre Rahmung, die in Form von politischen Narrativen oder ganzen Welterklärungsmodellen, direkt oder indirekt, etwa auch in Form von bestimmten kommunikativen Kontexten gegeben ist.

Für diese Rahmungen stellen Halbwahrheiten ein wichtiges Element in der Produktion von Glaubwürdigkeit dar, indem sie zum einen eine lebensweltliche Evidenz für deren Behauptungen zu liefern scheinen und zum anderen die Brücke zwischen einem Korrespondenz- und einem Kohärenzmodell von Wahrheit schlagen, das sich letztlich gänzlich von der Beweispflicht entkoppelt.[61] Das lässt sich am eindrücklichsten anhand von Verschwörungstheorien erläutern, auf die im Kapitel über Jebsen noch ausführlich einzugehen sein wird, gilt aber auch für andere politische Narrative. Der Philosoph Karl Hepfer macht als ein Hauptcharakteristikum klassischer Verschwörungstheorien ein Modell von Wahrheit aus, nach dem als wahr gilt, was widerspruchsfrei mit anderen Behauptungen einer Theorie zusammengeht.[62] Er betont jedoch, dass Verschwörungstheorien zugleich immer auch einen selektiven Erfahrungsbezug brauchen, der eher einem Modell von Wahrheit gehorcht, nach dem als wahr gilt, was mit den eigenen Erfahrungen in und mit der Welt korrespondiert. Innerhalb von Verschwörungstheorien kommt Halbwahrheiten-Geschichten nun genau die Funktion zu, diesen selektiven Erfahrungsbezug zu liefern und zugleich zwischen Korrespondenz- und Kohärenzmodell der Wahrheit zu vermitteln.

Durch ihren faktischen Anteil, zumeist die Bezugnahme auf ein reales Ereignis (etwa in der *Truther*-Verschwörungstheorie: die stereotype Bezugnahme auf das Einstürzen eines dritten Hochhauses, WTC 7, in das kein Flugzeug geflogen war), stellen Halbwahrheiten-Geschichten eine Korrespondenz mit der erfahrbaren Realität her. Ihr fiktiver Anteil (hier: die Behauptung, der Einsturz von WTC 7 und auch der Twin Towers sei das Resultat einer kontrollierten Sprengung gewesen) hingegen ist kohärent mit dem politischen Narrativ, in dessen Rahmen sie zum Einsatz kommen (hier: die Überzeugung, die Anschläge vom 11. September 2001 seien von der US-Regierung orchestriert gewesen). Zwischen beiden vermittelt ein Fehlschluss: Weil ein Teil zu stimmen scheint, ist man bereit, auch das Ganze, das heißt die gesamte Aussage und die hinter ihr stehende Theorie zu glauben. Auf diese Weise wird durch die Korrespondenz jedoch letztlich eine Aussage beglaubigt, die sich ausschließlich von ihrer Kohärenz mit dem Verschwörungsnarrativ herschreibt, insofern in dessen Rahmen *nur kohärente Korrespondenzen* überhaupt zugelassen beziehungsweise mögliche Erfahrungsbezüge immer schon im Hinblick darauf ausgewählt werden, wie gut sie zur Aussage passen. Das lässt sich auch als »motiviertes Denken« beschreiben:

> Motivierte Wahrnehmung stellt das Prinzip auf den Kopf, wonach die eigene Haltung auf der Grundlage von Fakten gebildet wird. Wer motiviert wahrnimmt, fängt rückwärts an mit einer festgezimmerten Haltung und akzeptiert nur die Fakten, die diese stützen können.[63]

Weniger als um einen tatsächlichen Realitätscheck geht es hier also um die bloße *Suggestion* von Korrespondenz und das heißt um eine Produktion von Glaubwürdigkeit, die letztlich auf die Festigung eines narrativen Kohärenzmodells von Wahrheit hinausläuft.

Das Bemühen um Glaubwürdigkeit ist aus der Poetik bekannt, insbesondere aus Dichtungstheorien »präfiktionaler« (das heißt vor der Herausbildung des sogenannten Fiktionspakts situierter und der postfaktischen in dieser Hinsicht gleichsam spiegelbildlich verwandter) Epochen.[64] Schlägt man zum Beispiel in Johann Jakob Breitingers *Critischer Dichtkunst* aus dem Jahr 1740 nach, so unterscheidet sich der »Dichter« vom »Geschichtsschreiber« lediglich dadurch, dass er (wie schon in Aristoteles' *Poetik*) das tatsächlich Geschehene erweitern, ergänzen oder aus dem vorhandenen Material neue Geschichten zusammenstellen darf, die aufgrund ihrer Neuartigkeit die Aufmerksamkeit des Publikums wecken und für Unterhaltung sorgen.[65] Die Bedingung ist allerdings, dass die neue Geschichte dem Gebot der Wahrscheinlichkeit gehorcht. Bei Breitinger heißt das, dass sie sich zwar nicht streng an die Wahrheit halten, jedoch dem Publikum plausibel erscheinen muss. Als plausibel aber bestimmt Breitinger alles, was der gewohnten Wahrnehmung entspricht; so soll der Dichter beispielsweise dem Betrug der Sinne, der Affekte und des Aberglaubens folgen.[66]

Breitinger geht also davon aus, dass Durchschnittsleser:innen Dinge für plausibel halten, die eigentlich nicht der Realität entsprechen, beziehungsweise dass für sie eine »Wahrheit der Sinne« oder der religiösen Überzeugung höher zählt als die des Verstandes. Darum sollen Schriftsteller:innen, denen vor allem am Erfolg beim Publikum gelegen ist, sich an diesen Erwartungen ausrichten. Die Halbwahrheiten, um die es im vorliegenden Essay geht, tun exakt das: Sie bieten dem Publikum Geschichten, die zum Beispiel seinen sinnlichen, emotionalen oder politischen Überzeugungen entsprechen und in diesem Sinne »wahrscheinlich« sind, obwohl sie einer logischen und/oder empirischen Überprüfung nicht standhalten könnten. Zugleich präsentieren sie sich aber, in der Nomenklatur Breitingers gesprochen, nicht als Dichtung, sondern als Geschichtsschreibung, oder, in heutige Terminologie übersetzt: als faktuale Erzählung.

Wenn gegenwärtige Erzähltheorien zwischen faktualen und fiktionalen Erzählungen sowie zwischen realen und fiktiven Sachverhalten unterscheiden, bezieht sich *faktual* auf den Referenzialitätsanspruch einer Erzählung, *fiktiv* hingegen auf den ontologischen Status des dargestellten Sachverhalts.[67] Idealerweise sollen also fiktionale Erzählungen von fiktiven Sachverhalten berichten und faktuale Erzählungen von realen. Viele Erzählungen halten sich jedoch nicht an diese klare Grenze, sondern ziehen ihren besonderen Reiz aus deren Verwischung oder gar Missachtung. Die Literaturwissenschaftler Matías Martínez und Christian Klein machen zum Beispiel vier Typen von »Borderline-Texten« aus: »Faktuale Erzählungen mit fiktionalisierenden Erzählverfahren«, »faktuale Erzählungen mit fiktiven

Inhalten«, »fiktionale Erzählungen mit faktualen Inhalten« und »fiktionale Erzählungen mit faktualem Redemodus«.[68] Halbwahrheiten lassen sich dem zweiten Typus zuordnen: Es handelt sich um faktuale Erzählungen mit teilweise fiktiven und dabei um Glaubwürdigkeit bemühten Inhalten.

Doch lassen sich Halbwahrheiten überhaupt als Erzählungen fassen? Vielleicht nicht alle, aber doch diejenigen, die mich hier interessieren. Narrativ verfasste Halbwahrheiten haben eine größere Überzeugungskraft, weil »Narrative diejenige Struktur [zu sein scheinen], in der wir Menschen Kausalitäten, Zeitfolgen und damit Sinn konstruieren«.[69] Den Begriff *Erzählung* verstehe ich dabei zunächst einmal ganz grundlegend als performative, meist sprachliche Entfaltung eines Ereignisses innerhalb einer Handlung. Dies umfasst sowohl konkret-individuelle Geschichten als auch allgemeinere Narrative, auf die diese Geschichten zurückgreifen können.[70] Mit dieser Unterscheidung folge ich Albrecht Koschorke, der definiert: »Für erzählerische Generalisierungen dieses Typs wird […] der Begriff des Narrativs vorbehalten, im Unterschied zur unabzählbaren Vielfalt individueller Geschichten (im Sinne von *stories*)«.[71] Bei den eingangs genannten Beispielen für eine Halbwahrheit handelt es sich um genau solche individuellen Storys, die unter anderem deswegen so erfolgreich waren, weil sie ein verbreitetes Narrativ (das des *voter fraud*) ausbuchstabierten und zugleich zu beglaubigen schienen. Die Form/Funktion solcher Storys ist dabei die der anekdotischen Evidenz. Der Fehlschluss, von dem oben die Rede war, kann daher noch genauer bestimmt werden: Innerhalb der Halbwahrheit hat man es mit einem impliziten Analogieschluss und beim Verhältnis der Halbwahrheiten-Geschichte zu dem sie rahmenden politischen Narrativ mit einem Fehlschluss zu tun, der vom erzählten Einzelereignis auf das Allgemeine, das heißt die Wahrheit des politischen Narrativs, schließt: *anekdotische Evidenz.*

Lassen sich Halbwahrheiten-Geschichten auch noch darüber hinaus als Anekdoten beschreiben? Auch wenn der oben bereits erwähnte und grundlegende Unterschied, dass Halbwahrheiten in der Regel keine an sich denkwürdigen Gegebenheiten erzählen, sondern an Interesse allein durch ihre Rahmung gewinnen, natürlich bestehen bleibt, gibt es doch einige gemeinsame Merkmale. So betont die literaturwissenschaftliche Forschung als Gattungsmerkmale der Anekdote neben der Kürze, dem Anspruch auf Faktizität und Repräsentanz, die sie allesamt mit den Halbwahrheiten-Geschichten teilt, auch die Herkunft der Anekdote aus der Geschichtsschreibung,[72] genauer: aus der Gegengeschichte, insofern die in Prokopius'

Historia arcana (ca. 500 n. Chr.; später unter dem Titel *Anekdota* verbreitet und auf Deutsch 1753 als *Geheimgeschichte* publiziert) gesammelten Anekdoten »die unterdrückte, verschwiegene Seite der offiziellen Historiografie dar[stellten] und […] daraus ihr[e] politische Brisanz [bezogen]«.[73] Dazu passt, was die Germanistin Sonja Hilzinger über die Geschichte der Anekdote zu erzählen weiß: »Politische Krisen- und Umbruchszeiten intensivierten die Anekdotenproduktion, was den Schluss nahelegt, dass Anekdoten als politische oder jedenfalls zeitgeschichtliche Texte gelesen wurden.«[74] Dabei stehe nicht eine neutrale Berichterstattung, sondern eine »parteiliche Kommentierung« im Fokus.[75] Sie nutze die der Anekdote »strukturell innewohnenden Möglichkeiten, komplexes historisches Geschehen durch Fragmentierung und biografische Zentrierung moralisch eindeutig bewertbar und damit ideologisch nutzbar zu machen«.[76] An der »Peripherie des literarischen Kanons bzw. an den Grenzen zur Historiografie und Publizistik« stehend,[77] konzentriert sich die Anekdote zu diesem Zweck – um die vier nach Hilzinger stabilsten Merkmale aufzugreifen – auf die *Erzählung* einer *vermeintlich wahren*, noch *unbekannten*, das heißt dem Publikum bislang möglicherweise vorenthaltenen, *merkwürdigen*, das heißt potenziell entlarvenden/verdächtigen Begebenheit.[78]

Übertragen auf die Frage nach den Halbwahrheiten lässt sich aus dem Gesagten folgern: Da die Rhetorik der Halbwahrheiten im postfaktischen politischen Diskurs die genannten Ziele teilt (parteiliche Kommentierung, moralisch eindeutige Bewertung, politische Agenda), tun Halbwahrheiten gut daran, sich der Form der Anekdote zu bedienen, und sind die oben erwähnten Gemeinsamkeiten zwischen den Halbwahrheiten-Geschichten und der politischen Anekdote wenig überraschend.

Neben dem Anspruch auf Faktizität und Kürze teilen die Halbwahrheiten-Geschichten mit der Anekdote auch das Bemühen um Anschaulichkeit (etwa durch Personalisierung) bei gleichzeitiger formaler Verknappung, die mit einer Dekontextualisierung und Komplexitätsreduktion (in Bezug auf das herangezogene Ereignis ebenso wie auf die durch das politische Narrativ mehr oder weniger explizit adressierte Problemlage) einhergeht. Wenn sich Erzählen nach Koschorke dadurch auszeichnet, dass es Wissen so filtert, dass es den Erwartungen durchschnittlicher Leser:innen entspricht und auf diese Weise weiträumig sozial geteilt werden kann, so gilt das für Halbwahrheiten in besonderem Maße. In ihnen »verselbständigt« sich in extremer Weise »die Sozialdimension des kommunizierten Wissens auf Kosten seiner Sachdimension«.[79] Als Evidenz in

Anekdotenform liefern sie eine Möglichkeit, in Wissenskrisen dennoch eine Art »sozial geteilten Wissens« herzustellen.[80] Mit der Anekdote teilen Halbwahrheiten-Geschichten darum auch noch ein weiteres Merkmal, das neben der Frage ihrer prekären Autorschaft vor allem die ihrer Verbreitung betrifft, die dem Muster des Hörensagens folgt: Halbwahrheiten werden von (digitaler) Plattform zu (digitaler) Plattform immer weiter- beziehungsweise immer wieder neu erzählt.

Um diesen Aspekt der »Konnektivität« von Halbwahrheiten genauer zu verstehen, ist das narratologische Konzept der Multiversionalität hilfreich. Leser:innen von Erzählungen, so der Literaturwissenschaftler Fritz Breithaupt, neigten dazu, beim Hören oder Lesen einer Erzählung immer gleichzeitig alternative Versionen des Erzählten mitzudenken.[81] Diese Multiversionalität zeige sich insbesondere in der Evolution von Erzählungen, die mündlich tradiert und in diesem Prozess immer weiter verändert werden. Für Halbwahrheiten ist diese Beobachtung doppelt relevant. Zunächst einmal, weil Halbwahrheiten im Prozess des Weitererzählens häufig variiert werden, insofern sich ihnen immer neue fiktive Elemente anlagern. So beispielsweise im Fall der eingangs erwähnten Halbwahrheiten-Geschichte, die Bernhard Langer folgendermaßen korrigierte:

> I didn't say anything to the president. We never talked. I told a story to a friend and the friend told a story to another friend and another friend and another friend. Somewhere down the line six people later somebody knew somebody at the White House and that's how it went […]. Then you read the story and it's not like it's a fact, it's like, oh, I heard this from so-and-so, and I have a source that told me this, and I have a friend that told me that.[82]

Breithaupts Beobachtung ist darüber hinaus auch deshalb relevant, weil der einzelnen Halbwahrheit in der Regel viele ähnliche entsprechen, die ein und dasselbe politische Narrativ bedienen. Als ein Beispiel lässt sich Trumps Wahlkampf-Slogan und Metanarrativ aus dem Jahr 2016 »there is something going on« anführen, das in seiner strategischen Vagheit das Publikum dazu herausforderte, selbst tätig zu werden und eigene Theorien dazu zu entwickeln, was »da« genau im Geheimen vor sich ging, wie zum Beispiel: »Hillary Clinton ist schwer krank, und das wird vor der Öffentlichkeit geheim gehalten.« Für diese Halbwahrheit – tatsächlich hatte sie nur eine Lungenentzündung – wurden immer neue und einander sehr ähnliche Halbwahrheiten-Geschichten ins Feld geführt. Beispielsweise wurde Hillary Clintons Schwächeanfall beim 9/11-Memorial 2016 zum Anlass genommen, ihr unter anderem Parkinson, Epilepsie und mentale Instabilität anzudichten, unter Hinzuziehung entsprechend zusammengeschnittenen Foto- und Videomaterials; oder man machte sich Gedanken um den sogenannten »Mystery Man« – ein häufig in ihrer Nähe auftauchender Agent des Secret Service, dem man unter anderem nachsagte, in Wahrheit Hillary Clintons persönlicher medizinischer Krisenbewältiger zu sein und ihr stets mit einer Injektion zu Hilfe zu eilen, wenn ein Anfall drohe.[83]

An die Stelle der rein sprachlich verfassten Halbwahrheit tritt in diesen Videos die Kombination von deutendem Kommentar und (bearbeitetem) Bildmaterial, das zur Evidenzproduktion eingesetzt wird; ähnlich verhält es sich auch mit dem eingangs erwähnten Tweet, der einen aus dem Kontext gerissenen Videoclip von Joe Biden kommentiert. Im Kontext eines in den sozialen Medien zu beobachtenden Trends von der Verschwörungstheorie zum Verschwörungsgerücht, das sich nicht nur durch seine medienkonforme Kürze, sondern auch durch eine die Anschlussfähigkeit erhöhende Vagheit und zur Koproduktion ermutigende Offenheit auszeichnet, hat jüngst der Amerikanist Michael Butter auf die Bedeutsamkeit solchen Bildmaterials hingewiesen: »Noch größere Vagheit kennzeichnet eine neue Art von Internetvideos, die ebenfalls in den letzten Jahren aufgekommen sind. Es handelt sich dabei um kurze, oft nur wenige Minuten lange Clips, die auf tagesaktuelle Ereignisse reagieren. […] Die Macher sprechen dabei entweder direkt in die Kamera oder sie kommentieren aus dem Off Bildmaterial, das sie aus Nachrichtensendungen oder anderen Quellen übernommen haben.«[84]

Im Unterschied zu Äußerungen, die der Wahrheit verpflichtet sind (was *ex negativo* auch für die Lüge gilt), zeichnet sich die Produktion von Halbwahrheiten also durch eine gewisse Offenheit aus. In ihnen kann sozusagen eine Lust am Fabulieren ausgelebt werden – Hans-Joachim Neubauer spricht in Bezug auf das der Halbwahrheit in dieser Hinsicht eng verwandte Gerücht auch von einer »poesie fabuleuse«.[85] Rezeption und Produktion gehen dabei Hand in Hand. Trumps Slogan liefert in seiner Vagheit einen Imaginationsraum, in dem sein Publikum selbst aktiv werden und ihn mit passenden Geschichten füllen kann, die weitererzählt und fortlaufend ergänzt und modifiziert werden. Im Kontext des Web 2.0 ist für diese Dynamik der Begriff des *prosumer* geprägt worden, der gleichzeitig Konsument:in wie Produzent:in von Informationen ist. Folgenreich ist sie vor allem für die Frage nach der Autorschaft. Denn einerseits ist die Produktion von Halbwahrheiten in den sozialen Netzwerken von der Lust getragen, Autor:in zu sein und als solche:r eine Wirksamkeit in der Öffentlichkeit zu entfalten. Andererseits weichen die Produzentinnen und Produzenten von Halbwahrheiten jedoch der Verantwortung aus, die mit Autorschaft normalerweise verbunden ist. Wenn Klein und Martínez über das faktuale Erzählen schreiben, dass die Autor:in sich als Erzähler:in hier zugleich für die Wahrheit des Erzählten verbürge,[86] gilt das für die weitererzählten Halbwahrheiten gerade nicht. In dieser Hinsicht gleichen ihre Autorinnen und Autoren eher denen fiktionaler Texte, in denen der Akt des *So-tun-als-ob* sie von den Bedingungen der Aufrichtigkeit entbindet.[87]

Doch folgen Halbwahrheiten nicht der Logik der Vortäuschung, sondern des Hörensagens. Entsprechend basiert ihre Produktion im Unterschied zur fiktionalen Erfindung auf kollektiver Autorschaft. Sie bedienen sich am Fundus des allgemein Bekannten, das bereits bei Aristoteles (unter dem Begriff der Doxa) eine unumgängliche Voraussetzung für den Entwurf einer effektiven Rhetorik ist – man denke zum Beispiel an Trumps ständige Berufung auf das, »was er gehört« oder »was er ganz anders gehört« habe.[88] Die *prosumer* der Halbwahrheiten verstecken sich hinter einem Kollektiv, in dessen Produktionsprozess sie sich eingliedern. Das gilt auch für populistische Politiker:innen, die sich in ihrer autoritären Setzung von Halbwahrheiten immer schon als Sprachrohr des Volkes präsentieren – ganz plakativ zum Beispiel Trump mit der Selbstdarstellung »I am your voice« in seiner Rede auf der Republican National Convention am 21. Juli 2016.[89] Man kann daher sagen, dass Halbwahrheiten auf Partizipation in einem doppelten Sinne zielen: Partizipation als Teilhabe an der kollektiven *Produktion* von Halbwahrheiten *in progress*; und Partizipation als Teilhabe an einem *Kollektiv*, das nicht nur gemeinsam an den Halbwahrheiten arbeitet, sondern sich zugleich über diese immer wieder seiner Zusammengehörigkeit versichert.

In der deutschen Romantik waren solche Überlegungen unter dem Stichwort der »neuen Mythologie« verbreitet, die über gemeinsam gestrickte Narrative Sinn und Einheit stiften sollte. Ein gutes Beispiel dafür bietet in der Gegenwart das konspirative Mythologem vom »Großen Austausch«, an dem unter anderem in der Identitären Bewegung fleißig gestrickt wird und hinter dem diese sich zugleich auch eint. Es handelt sich um eine ursprünglich durch Renaud Camus, Vordenker der Identitären in Frankreich, in Umlauf gebrachte Theorie, nach der in Ländern wie Österreich, Deutschland und Frankreich ein im großen Stil geplanter Bevölkerungsaustausch im Gang sei. Vom »Großen Austausch« finden sich, je nach Land, Gruppe und Parteigänger:in, durchaus unterschiedliche Versionen, zum Beispiel werden mal die eigenen kulturvergessenen »Eliten«, mal Amerika, mal das »Weltjudentum«, mal die muslimische Welt dafür verantwortlich gemacht, aber die Identitären können sich hinter dem gemeinsam gestrickten Mythologem gleichwohl zusammenfinden und an einem verschwörungstheoretischen Narrativ weiterschreiben, für das immer neue Halbwahrheiten-Geschichten als vermeintliche Belege ins Feld geführt werden. So zum Beispiel eine im August 2017 von Facebook aus in rechten Foren und Blogs verbreitete Geschichte eines Hobbydetektivs, der einen von einem jungen Mann weggeworfenen Kontoauszug wieder aus dem Mülleimer herausgefischt haben wollte, welcher beweise, dass der junge Afghane vom Amt 1780 Euro an Asylleistungen erhalte und dass der deutsche Staat Geflüchtete also besser behandle und mehr wertschätze als die eigene Bevölkerung. Tatsächlich handelte es sich bei dem Geld, das auf dem Konto des Vaters des jungen Mannes eingegangen war, um die Gesamtleistungen für eine siebenköpfige Familie.[90]

Doch nicht alle Halbwahrheiten lassen sich so einfach auflösen. Überhaupt liegt der Wert des analytischen Begriffs der Halbwahrheit, wie ich ihn hier entwickelt habe, ja gerade darin, Sprechakte beschreiben zu können, die die Unterscheidung zwischen Wissen und Glauben, Fakten und Meinungen einzuebnen drohen. Denn selbst dort, wo eine solche Auflösung relativ leicht möglich ist, lassen sich diejenigen, die der Halbwahrheit Glauben schenken, gerade *nicht* durch die faktische

(Gegen-)Evidenz von der Falschheit der Aussage überzeugen. Das liegt daran, dass Halbwahrheiten narrativ organisiert sind, was wiederum bedeutet, dass sie um eine Glaubwürdigkeit bemüht sind, die nicht von der Übereinstimmung mit Fakten, sondern von der Bestätigung bisheriger Überzeugungen, der Vermeidung kognitiver Dissonanzen, der Bestätigung einer »gefühlten Wahrheit« und der Reduktion von Kontingenz und Komplexität lebt. Doch geben die *prosumer* von Halbwahrheiten die Orientierung an der Realität nicht vollständig auf. Denn innerhalb eines demokratischen Diskurses können sie ihre Sicht auf die Welt nicht einfach autoritär setzen, sondern müssen dafür werben, müssen mit ihrer Perspektive *diskursiv* überzeugen. Dazu dienen Halbwahrheiten. Sie funktionieren gewissermaßen als Türöffner für eine postfaktische und latent antidemokratische Politik.[91] Denn sie suggerieren, sowohl durch den faktualen Modus der Erzählung wie durch die partielle Referenz auf reale Ereignisse, nach der einen Seite eine Orientierung an der Realität, funktionieren aber nach der anderen Seite wie Geschichten, die der emotionalen Wahrheit, der alltäglichen Wahrnehmung und der Bedürfnisbefriedigung (wie etwa im Fall des (Rechts-)populismus: Affektivität, Suche nach einem Sündenbock, Wir-Gefühl) mehr als allem anderen verpflichtet sind und dafür auch auf Fiktives zurückgreifen.

Der journalistische Hochstapler, oder: Der Fall Relotius

Wenn Hannah Arendt schreibt, dass die Lüge schon immer als »ein erlaubtes Mittel in der Politik [galt]«, hat sie mit den Pentagon-Papieren eine Politik vor Augen, die immerhin noch darum bemüht war, ihre Falschbehauptungen zu kaschieren und Selbstwidersprüche zu vermeiden.[92] Für die sogenannte »postfaktische« Politik hingegen scheint Wahrhaftigkeit überhaupt keinen Wert mehr darzustellen. Der Philosoph Harry G. Frankfurt hat die auf einer solchen Haltung basierende Diskurspraxis schon 1986 als *Bullshitting* bezeichnet:

> Der Bullshitter [...] ignoriert diese Anforderungen in toto. Er weist die Autorität der Wahrheit nicht ab und widersetzt sich ihr nicht, wie es der Lügner tut. Er beachtet sie einfach gar nicht. Aus diesem Grunde ist Bullshit ein größerer Feind der Wahrheit als die Lüge.[93]

Dem Bullshit-Redner kommt es nicht auf die Wahrheit, sondern allein auf den *Schein* von Wahrhaftigkeit an. Er will dem Publikum ein bestimmtes Bild von sich selbst vermitteln, und um das zu erreichen, sagt er alles, was ihm passend erscheint – Hauptsache, das Publikum hält es für glaubwürdig. Dasselbe gilt auch für die Halbwahrheit: Sie scheint wahr, ohne es (in Gänze) zu sein. Folgt man Frankfurt, so reüssiert der postfaktische Diskurs also vor allem in einer Kultur der Selbstdarstellung, die längst auch auf die Politik übergegriffen hat. Bestes Beispiel hierfür ist neben Donald Trump der englische Premierminister Boris Johnson, der in der Presse unter anderem als »Trickser« und »Hochstapler« (*Spiegel*) bezeichnet wurde und seine Karriere als ein Journalist begann, der es »mit der Wahrheit nicht so genau nahm« (*FAZ*).[94]

»Mit Hilfe der Gesetze dieser Welt des Scheins, die er zu seinem Vorteil erweiternd ausdeutet, erringt [der Hochstapler] seine Erfolge, täuscht er seine Mitmenschen. Der Schein regiert die Welt, die Welt will […] getäuscht sein.«[95] Dieses Zitat stammt nicht etwa von einer Beobachter:in der heutigen Kultur der Selbstdarstellung, sondern von dem Kriminologen Erich Wulffen, der 1923 eine *Psychologie des Hochstaplers* verfasste und sich intensiv mit dem Fall des berühmten Hochstaplers Georges Manolescu auseinandersetzte, der unter anderem Thomas Mann als Inspiration für seinen Roman *Bekenntnisse des Hochstaplers Felix Krull* diente. Wulffen und Mann waren nicht die Einzigen, die sich in der Weimarer Republik für die

Sozialfigur des Hochstaplers interessierten. Vielmehr avanciert der Hochstapler in dieser krisengeschüttelten und von einer tiefen Verunsicherung geprägten Zeit zum »Zeittypus *par excellence*«[96].

Es gab nicht nur zahlreiche Hochstapler, über die in der Presse viel berichtet wurde und deren Lebensgeschichten als Roman- und Filmvorlagen dienten, sondern der Hochstapler wurde in den 1920er-Jahren auch zum Vorbild für eine neue Art von Selfmademan. Verhaltenslehren und Ratgeberliteratur der Zeit geben dem nach Erfolg Strebenden eine regelrechte Praxeologie der Hochstapelei an die Hand. Robert Suter hat in einem Aufsatz über »Wege zum Erfolg in der Weimarer Republik« den »Aufstieg des Bluffs zur sozialen Schlüsselsemantik« beschrieben.[97] Dabei stützt er sich unter anderem auf den zeitgenössischen Soziologen Gustav Ichheiser, dem zufolge der soziale Erfolg eines Individuums nur scheinbar von dessen Leistungstüchtigkeit, tatsächlich aber von dessen *Erfolgs*tüchtigkeit abhängig sei, deren Grundformen sind: »Beeinflussung der erfolgsentscheidenden Instanzen, Erzeugung einer günstigen Meinung über sich selbst, einer ungünstigen über alle möglichen Konkurrenten«, und zwar unter anderem durch »Reklame«, »Prestigebildung«, »Bluff«, »die ganze ›mise en scene‹ der eigenen Persönlichkeit«.[98] Wichtig sei jedoch, dass der auf diese Weise Erfolgreiche den Schein aufrechterhalte, den Erfolg allein seiner Leistung zu verdanken; insbesondere gelte das für die politische Sphäre: »[D]der Politiker […] muß erfolgstüchtig sein und muß die ganze Klaviatur der Erfolgstüchtigkeit beherrschen«, aber »er muß als leistungstüchtig gelten. Und er ist nur erfolgstüchtig, solange er als leistungstüchtig gilt.«[99]

Ist Ichheiser an einer Kritik dieser Mechanismen sozialen Erfolgs gelegen, nimmt die Ratgeberliteratur der Zeit einen affirmativen bis zynischen Standpunkt ein. So empfiehlt Fritz Theodor Gallerts *Erfolg-Methode* (1919) etwa als erste Bedingung für Erfolg die »hohe Meinung von sich selbst«, und Ratgeber wie Emil Coués *Die Selbstbemeisterung durch bewußte Autosuggestion* (1922) liefern die passende Selbsttechnik dazu.[100] Der Hochstapler hat das alles schon perfektioniert. Walter Benjamins Verhaltenslehre des Erfolgs ist das bewusst. In »Der Weg zum Erfolg in dreizehn Thesen« (1928) beruft er sich nicht nur auf den Improvisator, der den Inquisitor über sein Amt hinwegtäusche, das Genie, das zur rechten Zeit am rechten Ort sei, den Spieler, der den eigenen Namen abstoße,[101] sondern auch auf den Hochstapler, der für den nach Erfolg Strebenden »das Vorbild schöpferischer Indifferenz« abgebe: »Schwindeln darf einer, so viel er will. Aber nie darf er sich als Schwindler fühlen.«[102] Am Hochstapler-Diskurs der 1920er-Jahre lässt sich also die Geburt einer

Erfolgsethik nachzeichnen, die heute abermals von unmittelbarer und politisch brisanter Aktualität ist. In der Kultur der Selbstdarstellung gedeiht die Hochstapelei. Zu ihren wichtigsten Instrumenten gehören Halbwahrheiten; mehr noch: Der Hochstapler ist die Subjektform der Halbwahrheit.

Besonders eindrücklich lässt sich das an einem bestimmten Typus von Hochstapler zeigen: dem journalistischen Hochstapler. Denn der journalistische Hochstapler reduziert das Hochstaplertum auf seine Essenz: auf die Erzählung halbwahrer Geschichten, die durch ihren fiktiven Anteil die neue, hochwertigere Identität performativ begründen und sie zugleich durch den faktischen Anteil der Geschichten vor der Enttarnung schützen. Sicher, der Journalismus flirtet seit jeher mit der Literatur und begibt sich damit auf ein gefährliches Terrain, was spätestens seit dem *New Journalism* immer wieder diskutiert wurde.[103] Und natürlich kommt auch ein journalistischer Text nicht umhin, die Wirklichkeit zu beobachten, anschaulich zu erzählen und zu deuten. Doch der journalistische Hochstapler überschreitet mit seinen Fälschungen die Grenze zum Fiktiven, und er tut dies, um als jemand zu erscheinen, der er nicht ist: nimmermüder Reporter, furchtloser Wahrheitssucher, journalistische Edelfeder. Mit der verborgenen Fiktionalisierung der Ereignisse kreiert er sich gleichsam auch als Subjekt neu.

Bei Claas Relotius – dem *Spiegel*-Reporter, der im Dezember 2018 als journalistischer »Hochstapler« (NZZ[104]) enttarnt wurde – lässt sich der gezielte Einsatz von Halbwahrheiten an vielen seiner Artikel zeigen.[105] Und nicht nur dort, sondern auch an den Geschichten, die er über seine Recherchen erzählte,[106] und an seiner Verteidigungsstrategie, über die der Abschlussbericht der vom *Spiegel* eingesetzten Aufklärungskommission berichtet.[107] Dabei reicht der Anteil des Fiktiven in seinen Artikeln von der bloßen Übertreibung oder Dramatisierung einzelner Aspekte über die Ergänzung fiktiver Details bis hin zur Erfindung zentraler Ereignisse, ganzer Personen und Lebensläufe.[108] Im Folgenden werden zwei Beispiele von beiden Enden dieses Spektrums erläutert.

Für den am 22. September 2018 erschienenen *Spiegel*-Artikel »Kehrt nicht auch das Böse, wenn man es lässt, eines Tages zurück?« und das darin wiedergegebene Gespräch mit Traute Lafrenz, der letzten Überlebenden der Weißen Rose, flog Relotius tatsächlich in die USA, führte ein Interview mit ihr und nahm auch das abgedruckte Foto auf. Aber, wie Lafrenz und ihre Schwiegertochter im Zuge der Aufarbeitung der Relotius-Affäre klarstellen, habe der Besuch nicht fünf, sondern maximal zwei Stunden gedauert; die Leseabende bei der Klassenlehrerin von Lafrenz seien keine »›heimlichen Treffen‹«, sondern »ganz normale

Leseabende« gewesen, und Lafrenz habe auch nie aktuelle Fotos von Neonazi-Aufmärschen in Deutschland gesehen und diese also auch nicht mit dem Satz kommentieren können, den Relotius ihr in seinem Artikel in den Mund legt.[109]

Weitaus mehr Raum nehmen die fiktiven Anteile im *Spiegel*-Artikel »Königskinder« vom 9. Juli 2016 ein, der von dem Schicksal zweier syrischer Kinder, Ahmed und Alin, berichtet und für den Relotius mit dem Reemtsma Liberty Award und dem Katholischen Medienpreis ausgezeichnet wurde.[110] Zu diesem Artikel ist nur die Existenz des Jungen Ahmed belegt, den Relotius bei seinen (tatsächlich durchgeführten) Recherchen in der Türkei im Frühjahr 2016 kennenlernte. Er wurde allerdings, wie der *Spiegel* aufarbeitet, von Relotius mit einem fiktiven Lebenslauf ausgestattet, der sich, so der Fotograf Emin Özmen, »unter anderem aus den Geschichten von anderen Kindern zusammen[setze], die sie bei ihrer Recherche gemeinsam getroffen hätten«.[111] Die Existenz des Mädchens Alin, »auf deren angeblichen Erzählungen die Geschichte in weiten Teilen basiert«, ist hingegen gar nicht belegt.[112] Über seine Anwaltskanzlei musste Relotius im Dezember 2018 schließlich zugeben, »dass es sich bei dem geschilderten Geschwisterpaar um eine Illusion gehandelt« habe.[113] Eine Illusion, die Relotius in verschiedenen »Making-ofs« über einen längeren

Zeitraum weiter ausbaute, wenn er zum Beispiel in einem Sammelband, in dem Reporter:innen über ihre Recherchen und deren Folgen berichten, von seiner mit Dramatisierungen, fiktiven Details und Handlungssträngen ausgeschmückten ersten Rechercheeise erzählt und behauptet, die Kinder später mithilfe privater Spenden seiner Leser:innen aus ihren prekären Lebensbedingungen gerettet und zunächst bei ihrem Onkel in der Türkei untergebracht und schließlich einem deutschen Ärzte-Ehepaar zur Adoption vermittelt zu haben.[114]

Halbwahrheiten – hier sowohl die Referenz auf reale Personen, denen fiktive Attribute zugeschrieben werden, als auch auf reale Ereignisse, die mit fiktiven Personen angereichert werden – stellen also ein wesentliches Instrument im Werkzeugkasten des journalistischen Hochstaplers dar. Und nicht nur des journalistischen. Auch klassische Hochstapler, die sich mit einer komplett falschen Identität schmücken, kommen nicht ohne Halbwahrheiten aus, ob es sich dabei um Übertreibungen realer Vorkommnisse, um Vermischung der eigenen und der vorgetäuschten Identität oder um die Absicherung der falschen Identität durch korrekte Informationen handelt. So hatte beispielsweise Manolescu zwar tatsächlich in einem (recht einfachen) Hotel in Berlin gewohnt und dort auch einige Bekannte getroffen, behauptete aber, als

Fürst Lahovary in Berlin in vornehmsten Kreisen verkehrt und einen ganzen Trakt in einem Luxushotel gemietet zu haben.[115]

Schaut man sich die Kommunikationssituation zwischen dem Hochstapler und seinem Publikum genauer an, basiert der Erfolg des Hochstaplers vor allem auf der Ersetzung von Authentizität durch Performanz. In der Kommunikation mit seinem Publikum wird der Hochstapler tatsächlich zu dem, der er vortäuscht zu sein. Entsprechend fühlt sich das Publikum des in den 1920er-Jahren ebenfalls berühmten Hochstaplers Harry Domela geschmeichelt, mit dem vermeintlichen Wilhelm Prinzen von Preußen bekannt gemacht zu werden, und verspricht sich Vorteile davon (die dann auch tatsächlich eintreffen: die Aufwertung des eigenen Hotels, die Aufmerksamkeit der Presse etc.), sodass es ihm nur allzu gern glaubt und ihn genauso behandelt, wie es auch den realen Prinzen behandeln würde: Der Hochstapler lebt nun tatsächlich das Leben des Prinzen. Und er ist – nicht zuletzt durch die Reaktionen seines Publikums – bald auch selbst davon überzeugt, derjenige zu sein, der er vorgibt. So bekennt der Hochstapler Ignatz Straßnoff, der sich als ein Oberstleutnant ausgibt und augenblicklich Erfolg bei »einem Schwarm von Offizieren« hat, in seinen 1926 publizierten Memoiren:

> [E]s waren noch keine zehn Minuten vergangen, da hat auch der neue Kamerad [d. i. Straßnoff] […] vergessen, daß der Mann, der da in der Husarenuniform steckt, ein mehrmals abgestraftes Individuum ist […]. Die Unterhaltung wird immer lebhafter […] der fremde Kamerad macht die tollsten Witze, er ist das belebende Element in einem geschlossenen Kreise von Kameraden, er wird nicht nur liebgewonnen, er wird geradezu vergöttert […]. Es ist heller Tag, als der Herr Oberleutnant mit gespickter Brieftasche […] den Ort […] verläßt. […] Er fühlt sich als etwas Besseres, als höheres Wesen.[116]

Aus der Unwahrheit, dass es sich bei Straßnoff um einen Oberstleutnant handele, ist im Laufe der Nacht eine *performative Wahrheit* geworden: »[…] so mietet er jetzt eine elegant eingerichtete Garcon-wohnung und richtet sich noch am selben Tag als reicher Kavalier ein.«[117]

Was man bei diesen klassischen Hochstaplern beobachten kann, gilt auch für Relotius. Nur schmückt er sich nicht mit einer Uniform, sondern mit beeindruckenden Geschichten. Dank der Halbwahrheiten, die er fabriziert, und der sozialen und medialen Kontexte, in denen sie zirkulieren (Medienumbruch, Krise des Expertenwissens, Trend zum *storytelling*), wird er bald tatsächlich zu einem gefeierten Reporter, wird mit Preisen überhäuft und macht beim *Spiegel* Karriere. Umgekehrt profitiert auch der *Spiegel* von Relotius, indem er als Hort junger Talente gilt, seinen Leserinnen und Lesern ansprechende Reportagen bietet und auf diese Weise in Zeiten kriselnder Printmedien seine Attraktivität steigert.

Halbwahrheiten produzieren Glaubwürdigkeit. Die jahrhundertealte Einsicht, dass Schriftsteller:innen, denen am Erfolg beim Publikum gelegen ist, nicht dem Gebot der Wahrheit, wohl aber dem der Wahrscheinlichkeit gehorchen müssen, setzen sie um. Das heißt: Sie bieten den Rezipientinnen und Rezipienten Geschichten, die sie in ihren Voreinstellungen oder Grundstimmungen bestätigen und die ihnen darum glaubwürdig erscheinen – glaubwürdiger häufig als korrekte Berichte, deren unliebsame Tatsachen das eigene Weltbild ins Wanken bringen. Relotius' Artikel, obwohl eigentlich der Augenzeugenschaft verpflichtet, lösen diesen Anspruch ein. Sie liefern Neues, Drama und Rührung und bestätigen zugleich die Erwartungshaltung des Publikums.

Oben hatte ich Halbwahrheiten einem bestimmten Typus von »Borderline-Texten« zugeordnet: Halbwahrheiten sind faktuale Erzählungen mit fiktiven Inhalten. Doch ist die Unterscheidung von *faktual* und *fiktional* und *real* und *fiktiv* nicht immer so trennscharf, wie die Begriffe suggerieren. Genau diesen Umstand machen sich Halbwahrheiten zunutze. Sie profitieren davon, dass das, was wir für real halten, immer schon durch Medien der Wahrnehmung geprägt ist, seien diese – je nach philosophischem Modell – unsere Erkenntnisvermögen, symbolische Formen, Ideologien, Paradigmen, Genrecodes oder wirkmächtige Narrative. Im Fall von Relotius handelt es sich dabei vor allem um Gattungskonventionen (der journalistischen Reportage),[118] konventionelle Narrative (wie zum Beispiel das der märchenhaften Rettung der »Königskinder«) und bestimmte Vorannahmen, Vorurteile und Klischees oder auch Sehnsüchte, die dazu führen, dass den Leserinnen und Lesern, den Kolleginnen und Kollegen und sogar der Dokumentationsabteilung viel zu selten Zweifel kommen. Der *Spiegel*-Reporter Juan Moreno beschreibt das so: »[Relotius] log, weil das insgeheim Erwartungen erfüllte […]. Bombastische Schicksale plus Relevanz plus die Bestätigung der allgemein vorherrschenden Meinung in der Mitte der Gesellschaft versprechen Ruhm.«[119] Aber das ist nicht alles. Relotius sorgt mit seinen Artikeln auch dafür, dass alle sich besser fühlen: Die Leser:innen werden getröstet, weil »die Welt, die Relotius zeichnet, verständlich und plausibel ist«, und die Vorgesetzten beim *Spiegel* sind froh, einen solchen Star in ihren Reihen zu haben, denn »Relotius lieferte Texte, die kein anderer bot. […] Wer ihn druckte, hatte ein Alleinstellungsmerkmal.«[120] Es ist, wie Walter Benjamin über den Hochstapler schreibt, der »mildes Licht und sanfte Wärme an die Bürgerwelten« abgibt: »Geschlechter, Würden, Titel […] sind seine Leistung an die Gesellschaft und führen darum jene bona fides mit sich, die dem gerissensten Hochstapler nie […] mangelt.«[121]

Am Ende sind Halbwahrheiten darum so grundlegend für die Praktiken des Hochstaplers, weil sein Handeln letztlich auf eine Suspendierung von Wahrheitskriterien hinausläuft, wie sie generell kennzeichnend für einen auf Halbwahrheiten fußenden postfaktischen Diskurs ist. Oben war bereits davon die Rede, dass man die Hochstapelei als eine Praxis des sozialen Umgangs verstehen kann, die es vor allem auf den sozialen Erfolg abgesehen hat und der es darum nicht auf die Wahrheit, sondern allein auf den *Schein* von Wahrheit ankommt. Der Essayist Walter Serner zieht daraus in seinem *Handbrevier für Hochstapler und solche, die es werden wollen* (1927) die Konsequenz, den Wahrheitsbegriff ein für alle Mal zu verabschieden beziehungsweise ganz in den Bereich der Relativität, des Scheins und der Performanz zu verschieben.[122] Dem Hochstapler kann, wie Serner schreibt, »die Wahrheit […] gar nicht zum Problem werden«, weil er weiß, dass wahre Aussagen »bereits sprachlich« unmöglich sind, sich die Wahrheit des Gedankens in der Regel auf dessen Plausibilität beschränkt und Weltanschauungen nichts als »Vokabelmischungen« und metaphysischer Selbstbetrug sind.[123] Darum macht er sich das Gesetz des Scheins zu eigen: »Spiele dich – *vor*«,[124] »behaupte alles, wenn es vonnöten ist.«[125] Serner gibt auch zahlreiche praktische Hinweise für die Gestaltung von Halbwahrheiten, zum Beispiel »vereinfache immer«, »banalisiere die Dinge«, »laß dich auf einer Lüge erwischen«, um eine andere zu verschleiern, und nutze die moralischen Skrupel des Publikums zu deinen Gunsten.[126]

Relotius hat nicht wenige dieser Tipps bravourös umgesetzt und mit seinen Artikeln Halbwahrheiten produziert, die ihm Ruhm, dem *Spiegel* Aufmerksamkeit und seinen Leserinnen und Lesern den Kitzel der Sensation und das Wohlgefühl der Bestätigung einbrachten. Bei Relotius' Halbwahrheiten geht es – auch wenn die Wirkungen seiner Enttarnung durchaus politischer Natur waren (zum Beispiel in der Erschütterung des ohnehin angekratzten Vertrauens in die Leitmedien oder in der Instrumentalisierung durch das rechtspopulistische »Lügenpresse«-Narrativ) – nicht um postfaktische Politik, verfolgte er doch mit ihnen allem Anschein nach keine politische Agenda, sondern einzig und allein das Ziel seines sozialen Erfolges.[127] Und doch basieren seine

Halbwahrheiten auf derselben Grundlage wie diese: einem zynischen Wahrheitsbegriff, einer – frei nach Peter Sloterdijks *Kritik der zynischen Vernunft* (1983) – pragmatischen Erfolgsethik, die alles für wahr hält, was ihr nützt, und die von Relotius wie vom *Spiegel*, den Jurys der Journalistenpreise wie vom Lesepublikum gleichermaßen gepflegt wurde.[128] Die Schockwellen, die seine Enttarnung durch die Republik sandte, waren groß, aber vielleicht muss man mit Blick auf den postfaktischen Diskurs auch einfach sagen: Wie man in den Wald hineinruft, so schallt es auch wieder heraus.

Die Corona-Verschwörung, oder: Der Fall Jebsen

Am 4. Mai 2020 postete Ken Jebsen, ehemaliger Journalist des Rundfunks Berlin-Brandenburg (rbb) und heute Verschwörungstheoretiker sowie Betreiber der Website KenFM, ein Video mit dem Titel »Gates kapert Deutschland!«, das innerhalb von nur drei Tagen mehr als 5 Millionen Mal auf verschiedenen Plattformen aufgerufen wurde.[129] Seine Thesen tauchten auch auf Plakaten der Demonstrationen gegen die Corona-Maßnahmen auf, für die Jebsen in seinem Video Werbung machte, und Teilnehmer:innen der Demonstrationen gaben in der Folge an, ihre Informationen in der Tat unter anderem bei KenFM zu beziehen.[130]

Verschwörungstheorien hatten auch schon vor der Corona-Krise wieder verstärkt Konjunktur, was in der Forschung unter anderem auf die zunehmende Fragmentierung und Polarisierung der medialen Öffentlichkeit zurückgeführt wird.[131] Während der Corona-Krise gewannen sie jedoch noch einmal an Attraktivität. Die allgemein angespannte Situation, die existenzielle Bedrohung und die grundlose, das heißt von niemandem direkt verschuldete Not der Kranken wirkten auf viele Menschen sehr belastend. Komplizierte Statistiken, widersprüchliche Aussagen von Expertinnen und Experten, unterschiedliche Maßnahmen der Länder und Bundesländer erforderten eine komplexe und differenzierte Beurteilung der Lage, die viele überforderte.[132] In dieser Situation versprachen Verschwörungstheorien Abhilfe, denn sie boten einfache Erklärungen, relativierten die Gefährlichkeit des Virus, benannten klare Schuldige und gaben ihren Anhängerinnen und Anhängern so das Gefühl von Handlungsmacht zurück. Wie die meisten neu entstehenden Verschwörungstheorien zeichnen sich dabei auch die Corona-Verschwörungstheorien dadurch aus, dass es sich im Kern gar nicht um neue Theorien handelt. Corona wurde vielmehr eingepasst in bereits existente Verschwörungstheorien, beispielsweise die des »Großen Austauschs«, der »Neuen Weltordnung (NWO)« oder der »Impflüge«.[133]

Jebsen lehnt sich in seinem Video vor allem an die Verschwörungstheorie der »Impflüge« an, integriert darin aber auch Elemente der NWO-Verschwörungstheorie. Seine Verschwörungstheorie lautet in etwa so: Die deutsche Regierung, ihre wissenschaftlichen Berater:innen und die Mainstream-Medien seien Marionetten des Ehepaars Gates, dessen Ziel es sei, die deutsche Bevölkerung trotz unvorhersehbarer Risiken zwangsweise zu impfen und zu chippen, um im eigenen Interesse sowie im Interesse der globalen Finanzelite die totale Kontrolle über die deutsche und letztlich die ganze Weltbevölkerung zu gewinnen, jegliche Opposition auszuschalten und ihre eigene Macht und ihren Reichtum weiter auszubauen.

In Jebsens Erzählung sind so gut wie alle Elemente vorhanden, die eine typische Verschwörungstheorie auszeichnen:[134] Erstens die Überzeugung, dass nichts durch Zufall geschieht: Dass das Corona-Virus aufgetaucht ist, könne kein Zufall sein. Es müsse jemand dahinterstecken – und wer dahintersteckt, erfährt man, wenn man sich fragt, wem es nutzt: Big Pharma, Big Money, Ehepaar Gates. Zweitens die Überzeugung, dass nichts ist, wie es scheint: Bill Gates tue zwar so, als wolle er den Deutschen/der Weltbevölkerung helfen, tatsächlich führe er aber das genaue Gegenteil im Schilde. Drittens der Glaube, dass alles miteinander verbunden ist: Deutsche Politiker:innen, Medienvertreter:innen und Wissenschaftler:innen arbeiteten alle für das Ehepaar Gates, und die Bemühungen um einen Impfstoff dienten der Etablierung einer autoritären Weltregierung. Viertens die klare Verteilung der Rollen respektive der Kampf zwischen Gut und Böse. Und fünftens die heroische Selbststilisierung: Nach populistischem Muster sind die Bösen hier die »Eliten« und die Guten die 83 Millionen Deutschen, die Jebsen dazu aufruft, von Angsthasen zu Helden und von Opfern zu Widerstandskämpfern zu werden und in den Fußstapfen ihrer Großväter (die das Grundgesetz errichtet hätten) und im Namen ihrer Kinder (die vor einer Corona-Diktatur geschützt werden müssten) den Kampf gegen das Böse aufzunehmen.

Halbwahrheiten spielen in dem Video, das diese Verschwörungstheorie verbreitet, eine sehr große Rolle.[135] Darin folgt es einer allgemeinen Tendenz, wie eine Studie von J. Scott Brennen und anderen zur Verbreitung von COVID-19-Falschinformationen festgestellt hat: »Statt vollständig erfunden zu sein, beinhaltet ein Großteil der Falschinformationen […] verschiedene Formen der Rekonfiguration, bei der vorhandene und oft wahre Information versponnen, verdreht, rekontextualisiert oder überarbeitet wird.«[136] Am häufigsten handelt es sich bei solchen Rekonfigurationen um »misleading content«, das heißt, Inhalte, die zwar einige korrekte Informationen enthalten, deren Details aber so reformuliert, selektiert und in neue Kontexte gestellt werden, dass sie falsch oder irreführend sind. Zudem zeigt die Studie, dass Halbwahrheiten über COVID-19 auch mehr Aufmerksamkeit generieren als vollständig erfundene Inhalte.[137] Kein Wunder also, dass auch Jebsen auf sie zurückgreift.

Jebsen setzt in seinem Video aber vor allem auch deswegen auf Halbwahrheiten, weil er damit

Menschen für sich gewinnen will, die noch nicht von der Existenz einer Verschwörung überzeugt sind und auch seinen Kanal noch nicht kennen:

> ich möchte dieses Video all denjenigen Menschen ans Herz legen, die mich nicht kennen, [...] oder aber die auf dieses Video auf einem anderen Kanal stoßen, denn ich möchte ausdrücklich dazu aufrufen, dieses Video herunterzuladen und es auf unterschiedlichen Plattformen zu präsentieren.[138]

Die Inszenierung von Seriosität steht darum an erster Stelle. Jebsen spricht vor einer Bücherwand, an der ein Plakat des Grundgesetzes hängt. Er beginnt im Stil eines Nachrichtensprechers mit einem höflichen »Guten Abend« und einer Selbstvorstellung, in der er auf seine langjährige Erfahrung als Journalist »mit einem Presseausweis«[139] (allerdings nicht auf seinen Rauswurf aus dem rbb wegen des Verstoßes gegen journalistische Standards[140]) verweist und sich als aufrechter Demokrat inszeniert. Die Inszenierung soll für Glaubwürdigkeit sorgen. Und um die Produktion von Glaubwürdigkeit geht es auch beim Einsatz der diskursiven Halbwahrheiten, die dann folgen.

Schauen wir uns als ein erstes Beispiel die Halbwahrheiten-Geschichte an, das Ehepaar Gates habe die WHO »gekauft«, sich außerdem in die deutsche Regierung »miteingekauft«, indem es zum Beispiel das Robert Koch-Institut (RKI) und Christian Drostens Team an der Charité mitfinanziere, und sich auch den *Spiegel* und andere deutsche Medien »gekauft«, damit alle tun, was es sich wünsche.[141] Der faktische Anteil dieser Behauptungen ist gering, wie diverse Faktenchecks detailliert gezeigt haben, auf die ich an dieser Stelle verweisen kann.[142] So finanziert sich die WHO beispielsweise zu etwa einem Viertel aus festen Pflichtbeiträgen der Mitgliedstaaten und zu etwa drei Vierteln aus Spenden von Regierungen, Stiftungen und privaten Geldgebern, zu denen auch die Gates Foundation gehört.[143] Doch immerhin stammen aktuell gut zehn Prozent der Mittel von ihr; nach dem Wegfall der USA dürfte sie damit bald zur größten Einzelquelle der WHO werden.[144] Jebsen hat seinen Fall also gut gewählt. Denn erst dadurch, dass die Gates Stiftung in der Tat signifikant zur Finanzierung der WHO beiträgt, kann er daraus eine überzeugende Halbwahrheit stricken. Natürlich ist es falsch, aus den zehn Prozent zu folgern, die Stiftung habe die WHO »gekauft« oder könne sie komplett kontrollieren; hier wird übertrieben, verabsolutiert und dekontextualisiert, um auf diese Weise Überzeugungskraft zu generieren. Die zehn Prozent statten die Halbwahrheit jedoch mit einer Glaubwürdigkeit aus, die für ihr Gelingen entscheidend ist. Ähnlich verhält es sich mit dem folgenden Fall: Die *Spiegel*-Gruppe, die im Jahr 2019 267 Millionen Euro Gesamtumsatz machte, erhält von der Gates Foundation projektgebundene Gelder in Höhe von 760.000 Euro pro Jahr für das auf drei Jahre angelegte Projekt Globale Gesellschaft.[145] Auch hier wäre es falsch, deswegen von einem großen Einfluss der Gates Stiftung auf den *Spiegel* oder auch nur auf das Projekt Globale Gesellschaft auszugehen, auf dessen Inhalte die Stiftung, wie im Finanzierungsvertrag festgelegt ist, keinen Einfluss hat.[146] Doch wer entsprechend voreingenommen ist, findet mit den 760.000 Euro eben auch in diesem Fall vermeintliche Belege für Jebsens Überzeugung, dass der *Spiegel* durch die Gates Stiftung fremdgesteuert werde.

Auf solchen Behauptungen baut Jebsen also das konspirative Narrativ auf, das Ehepaar Gates habe die deutsche Demokratie »gekapert« und »unterwandert«, es handele sich bei den Beteiligten um eine »kriminelle Vereinigung«, Gates gehöre mit einem »internationalen Haftbefehl« gesucht, und die deutschen Politiker:innen und Behörden gehörten »vor den Kadi«.[147] So gering der faktische Anteil dieser Behauptungen ist, so entscheidend ist dieser Anteil für die Produktion von Glaubwürdigkeit. Entsprechend werden diese und andere Verlautbarungen Jebsens auch begleitet von Floskeln wie »das kann man nachlesen«, »ich zitiere«

oder durch den Verweis auf angeblich belastendes Material. Für die Zuschauer:innen reichen häufig schon diese Gesten der Evidenz aus, um den Behauptungen nicht mehr weiter nachzugehen. Wenn sie ihnen aber doch nachgehen, sind sie durch Jebsens so seriös eingeführte Feststellungen schon so vorgeprägt, dass sie in den Informationen, die sie dann finden, nur die Bestätigung, nicht aber den Widerspruch sehen.

Eine ähnliche Rolle spielt Jebsens selektiver Bezug auf geteilte Erfahrungen. So verweist er beispielsweise darauf, dass Gates in den Tagesthemen ausführlich interviewt worden sei. Und weil das nachweisbar der Wahrheit entspricht und viele seiner Zuschauer:innen dieses Interview möglicherweise sogar gesehen haben, nehmen sie ihm dann auch die zweite Hälfte seiner Behauptung ab, nämlich dass genau dieser Umstand ein weiterer Beleg für Gates Unterwanderung Deutschlands sei. Die dünne faktische Grundlage und der selektive Erfahrungsbezug suggerieren so für diejenigen, die noch an einem Korrespondenzmodell von Wahrheit orientiert sind, die notwendige Übereinstimmung der Halbwahrheiten-Geschichte mit der Realität und erhöhen dadurch die Bereitschaft, auch ihrem fiktiven Teil Glauben zu schenken, der sich allein auf die Kohärenz mit dem Verschwörungsnarrativ der »Impflüge« stützt. Die Halbwahrheiten-Geschichte schlägt so, wie bereits im zweiten Kapitel erläutert, die Brücke zwischen einem Korrespondenz- und einem Kohärenzmodell von Wahrheit, nach dem eine Aussage dann als wahr angenommen wird, wenn sie plausibel im Ganzen der konspirativen Erzählung verortet ist und überdies mit den eigenen Grundüberzeugungen übereinstimmt. Anhand der geringen Faktenlage wird eine Korrespondenz suggeriert, die letztlich als Türöffner zum narrativen Kohärenzuniversum der Verschwörungstheoretiker:innen dient.

An einem zweiten Beispiel lassen sich sehr gut die Multiversionalität und Konnektivität von Halbwahrheiten-Geschichten, auf die im zweiten Kapitel hingewiesen wurde, und ihre Rolle in Verschwörungstheorien verfolgen. Jebsen verbreitet in seinem Video unter anderem die Theorie, das Ehepaar Gates verfolge mit einer massenhaften Zwangsimpfung den Plan, allen Menschen einen Chip einzusetzen, mithilfe dessen eine umfassende Kontrolle aller Menschen und die Errichtung einer digitalen Diktatur möglich werden. Jebsen erfindet diese Theorie jedoch nicht selbst, sondern greift hier ein Verschwörungsgerücht auf, von dem Faktenchecker der Nachrichtenagentur Reuters rekonstruiert haben, dass es auf eine Aussage von Bill Gates in einem sogenannten »Ask me anything-Questionnaire« auf Reddit vom 18. März 2020 zurückgeht.[148] Dort antwortete Gates auf die

Frage, wie Firmen in Zeiten von Social Distancing langfristig weiter operieren könnten unter anderem: »Irgendwann wird es digitale Zertifikate geben, mit denen sich zeigen lässt, wer bereits genesen ist oder kürzlich getestet wurde, oder, wenn wir eine Impfung haben, wer diese erhalten hat.«[149] Diese Aussage wurde am 19. März 2020 in einem im Nachrichtenstil verfassten Post auf der Website *biohackinfo.com* zitiert und durch die Behauptung ergänzt, es handele sich dabei um »quantum-dot tattoos«, das heißt »in Menschen implantierbare Kapseln mit digitalen Zertifikaten, aus denen hervorgeht, wer auf das Coronavirus getestet wurde«[150]. Sie ist, wie Reuters analysiert, doppelt falsch, weil die *quantom-dot dye*-Technologie, die von der Gates Foundation entwickelt wird, kein Mikrochip und auch keine »human-implantable capsule« ist und weil Gates von »digital certificates« im Sinne einer digitalen Plattform und nicht im Sinne dieser Technologie gesprochen hatte. Aber in dieser Fassung ging die Halbwahrheiten-Geschichte viral, verband sich mit der Behauptung, über den Impf-Chip sei auch ein totales Bewegungs-Tracking möglich, und erreichte schließlich auch Jebsen, der sie aufgriff und mit weiteren Erzählsträngen anreicherte, wie zum Beispiel der Behauptung, über diesen Impf-Chip sei dann auch die Kontrolle der Fortpflanzung[151] umsetzbar.

Dieser Erzählstrang hat wiederum seine eigene Herkunft und geht, wie unter anderem die Faktenchecker von *Mimikama* analysieren, auf das Jahr 2014 zurück, als eine Gruppe besorgter katholischer Bischöfe in einer Erklärung die Regierung Kenias verdächtigte, im Rahmen eines Tetanus-Impfprogramms Millionen Frauen zwangssterilisieren zu wollen – ein Gerücht, das 20 Jahre zuvor so auch schon in anderen Ländern gegen WHO und UNICEF aufgekommen war.[152] In der Verschwörungstheorie der »Impflüge« ist diese Geschichte seitdem dauerhaft präsent. Jebsen musste sie nur aufgreifen, um sie nun mit Corona und angeblichen Zwangsimpfungen zu verbinden.

Das Beispiel zeigt nicht nur, wie Halbwahrheiten-Geschichten sich weiterverbreiten und dabei kontinuierlich weitergesponnen werden, sodass sie oft in unterschiedlichen Versionen gleichzeitig existieren, sondern es zeigt auch, dass Jebsen geschickt auswählt. Er greift nicht skurrile, sondern erfolgreiche Geschichten auf, die bereits funktioniert haben und bei denen er, zumindest bei den Impfgegnern in seinem Publikum, davon ausgehen kann, dass sie auch schon einmal davon gehört haben. Der verschwörungstheoretische Populist hat ein Gespür für sein Populus: Er nimmt die Geschichten auf, die es ihm selbst zuträgt. Auf diese Weise ist die Zustimmung der Zuschauer:innen in die Geschichten gleichsam schon eingebaut.

Eine wichtige Rolle spielen bei Jebsen auch Halbwahrheiten in Anekdotenform. Jebsen beruft sich wiederholt auf eigene Erfahrungen, um seine Behauptungen zu verifizieren. Wie zum Beispiel an folgender Stelle:

> Ich kenne Menschen, die haben sich seinerzeit mit Impfmitteln, die die Bundesregierung auch schon eingekauft hat, gegen die Schweinegrippe impfen lassen bzw. ihren Kindern diese Impfung verpasst, und diese Kinder sind heute behindert, und da kenne ich eine Menge Leute, die Kinder haben entweder eine Epilepsie oder auch andere Nebenwirkungen, sind teilweise behindert.[153]

Natürlich kann niemand wissen, ob Jebsen tatsächlich solche Kinder kennt. Es ist aber sehr unwahrscheinlich, dass es sich gleich um eine »Menge Leute« handelt; zudem hat die Fachwelt zwar in der Tat über Narkolepsie im Zusammenhang mit der Schweinegrippen-Impfung diskutiert, jedoch nicht über Epilepsie.[154] Dass Jebsens Behauptungen ungenau sind, signalisieren allein die Formulierungen: Mal haben sich die »Menschen« selbst impfen lassen, dann haben sie »ihre Kinder« impfen lassen; mal sind »diese Kinder heute behindert«, dann sind diese Kinder nur noch »teilweise behindert«. Mit der Erzählung solcher

Anekdoten wechselt Jebsen aber vor allem auch das Register. Vom seriösen Nachrichtensprecher wird er zum Vertrauten, der der Zuschauer:in von den Kindern seiner Bekannten erzählt. Das Erzählen solcher persönlichen Anekdoten stiftet Vertrautheit. Ein Freund aber muss keine Belege für seine Behauptungen vorweisen: Sein Erfahrungsbericht reicht, denn der Vertraute, dem man vertraut, ist ja selbst Garant der Wahrheit.

In einer weiteren Anekdote begleitet das Publikum Jebsen auf eine Motorradfahrt:

> Ich möchte eine kurze Anekdote erzählen, mir ist das ja heute passiert, ich war heute in der Tankstelle […]. Und heute wurde ich blöd angemacht, weil ich den Gesichtsschutz [den Motorradfahrer üblicherweise tragen, Anm. N. G.] runtergenommen habe […] ja, das müsse jetzt so sein, das wär jetzt so Gesetz, und ich habe der Frau gesagt, ob sie, das wär doch das Gelände der ehemaligen DDR […], und ob sie denn, wenn übermorgen Gesetz wäre, man möge auf Leute wie mich schießen, ob sie das auch bejahen würde, da hat sie sich dann drüber aufgeregt, und ich hab mich auch drüber aufgeregt. Warum? Wir haben in Deutschland dieses große Problem, dass, wenn etwas Gesetz ist, wir das schon zweimal durchgezogen haben. Es gab für all

> dieses, es gab für Auschwitz gab es Gesetze, und es gab für die Schießbefehle und das, was wir uns in der DDR gegenseitig angetan haben, gab es immer auch Gesetzesvorlagen, und wir sind dem immer mitgegangen, und wir sollten jetzt, beim dritten Mal, dem nicht mitgehen.[155]

Die Tankstellenanekdote lebt von einem falschen Analogieschluss, der Jebsens ganzes Video durchzieht: Die Reaktionen der Bundesregierung auf die Corona-Krise seien den Staatsverbrechen der DDR und des nationalsozialistischen Deutschlands analog, würden also in die Diktatur führen und darum sofortigen Widerstand erfordern. Mit dieser Setzung arbeitet Jebsen nicht nur der verschwörungstheoretischen Deutung der Corona-Krise zu, sondern betreibt darüber hinaus auch einen gefährlichen Geschichtsrevisionismus und die zynische Verharmlosung der Verbrechen des DDR-Regimes und des systematischen Massenmords des Nationalsozialismus.

Zugleich scheint Jebsen sein Publikum mit dieser Setzung aber auch auf das Feld der politischen Ideologie zu führen, insofern er nun historische Dimensionen aufmacht und vermeintlich größere Zusammenhänge erklärt. Doch fehlt es seiner Darstellung, um noch einmal auf Adornos Überlegungen im zweiten Kapitel zurückzukommen, dafür unter anderem an »Konsistenz«.[156] Jebsen entwirft vielmehr ein synkretistisches Szenario, dessen Primärziel es ist, eine möglichst große Gefolgschaft zu mobilisieren. So betont er, mit dem Protest gegen die von Gates fremdgesteuerte »illegitime« und »illegale Regierung« Freiheit und direkte Demokratie verteidigen zu wollen.[157] Zugleich ist seine Rede aber geprägt von Kriegsmetaphern und Querfrontdenken (»auf dem Weg an die Front, und wir sind auf dem Weg an die Front, spielt es keine Rolle, ob du auf der rechten oder linken Seite marschierst«), Fantasien von der Entmachtung der nur Gates' Interessen bedienenden Presse (»*Spiegel*, *Welt*, *taz*«) und des öffentlich-rechtlichen Rundfunks (»GEZ-Medien«) und von freundschaftlichen Beziehungen zu autoritär regierten Ländern wie Russland, China und Iran (»die bei uns immer als böse verkauft werden, [sind] gar nicht so böse […], sondern andere«).[158] Für die letzten beiden Ziele würde Jebsen als »Kulturminister auf Zeit« der von Bodo Schiffmann und Ralf Ludwig im Zuge der Proteste gegen die Corona-Maßnahmen gegründeten Partei Widerstand 2020 dann sogar persönlich sorgen (»das ist das, was ich machen würde!«).[159]

Jebsens Halbwahrheiten-Geschichten sind Köder, mit denen er in diesem Video vor allem neue Zuschauer:innen für seine Verschwörungstheorie gewinnen möchte. Für seine Fans, denen das erste

Video möglicherweise noch nicht genug war, liefert er aber noch etwas anderes. Eine Woche nach dem oben genannten Video postet Ken Jebsen ein weiteres (11.05.2020) mit dem Titel »Gesicht zeigen!«, das das fiktionale Element seiner Erzählung nicht nur verstärkt, sondern gewissermaßen auch sichtbar macht.[160] Denn Jebsen hat hier erneut eine Transformation durchlaufen. Wie die Halbwahrheit hat offenbar auch Jebsen zwei Seiten: Vom seriösen Journalisten und Vertrauten ist er zu einer fiktiven Figur, zum Comic-Bösewicht »Joker« geworden. Er sitzt vor derselben Bücherwand, aber an die Stelle der ernsthaften und direkten Ansprache treten nun ein irres Grinsen, ein Hinein- und Hinausgleiten aus dem Bild, ein vertrauliches Flüstern, ein misstrauischer Schulterblick und das abwechselnde Raunen oder rasend schnelle, die Zuhörer:innen auditiv überwältigende Reden von einer Verschwörung, die das Ausmaß derjenigen im ersten Video noch übertrifft, insofern es nun zum Beispiel auch um Bevölkerungsreduktion, die gezielte Steuerung der Fruchtbarkeit und die geistige Fernsteuerung durch Psychopharmaka geht.

Jebsen ist geschminkt als der von Heath Ledger verkörperte Joker aus Christopher Nolans Batman-Verfilmung *The Dark Knight* (2009). Dabei handelt es sich um einen kapitalismuskritischen und anarchischen Joker, der zur Gewalt gegen die staatliche Ordnung aufruft. Zugleich hat das Publikum im Frühjahr 2020 aber auch noch den von Joaquin Phoenix gespielten Joker aus dem Film *Joker* (2019) von Todd Phillips im Gedächtnis. Dieser Film erzählt, wie der Joker überhaupt erst zum sadistischen Staatsfeind wurde: Der Phoenix-Joker ist ein missverstandener Entertainer, der von seinem Publikum so lange ausgelacht wird, bis er schließlich zum Joker wird und vor laufenden Kameras den Moderator einer Fernsehshow tötet, der mit der erneuten Demütigung des Entertainers Einschaltquote machen wollte und damit auch noch dessen letzten Traum von einem Ausweg aus der Dauermisere zunichtemacht. Jebsen, selbst frustrierter Entertainer (»für wen machst du den Scheiß eigentlich«[161]), nimmt hier die Position des Underdogs ein. Der (weiße, männliche, der Unterschicht angehörige und in seinen Aufstiegshoffnungen immer wieder enttäuschte) Phoenix-Joker ist das geschundene Individuum, das von der Gesellschaft so lange erniedrigt wird, bis es sich zu wehren beginnt (»What do you get if you cross a mentally ill loner and a society that abandons him and treats him like trash?! […] You get what you fucking deserve!«[162]); eine Art Wutbürger, der sich aus seinem ewigen Opferstatus befreit mit einer grenzenlosen Gewalt, die die Gesellschaft nur noch zerstören will und die Massen der Frustrierten hinter sich weiß.

Jebsens suggestive Transformation, mit der er sein Publikum Schritt für Schritt weiter in seine Welt hineinzieht, ist bemerkenswert. Er beginnt im ersten Video als seriöser Journalist, der sich auf das Grundgesetz und vermeintliche Fakten beruft, und präsentiert sich schließlich im zweiten Video als ein verfassungsfeindlicher Terrorist, der die Menschen mit Wut und Hass zu gewaltsamen Ausschreitungen motiviert. Natürlich ruft Jebsen nicht selbst zu Gewalt auf, aber durch die Joker-Maske ist dieser Kontext implizit präsent. Explizit rät Jebsen am Ende des Videos zum »zivilen Ungehorsam« und in Anbetracht dessen, dass »das System kaputt [sei] – da sind wir uns alle einig!«, zur Bildung einer »außerparlamentarischen Opposition«, die dann einen »neuen Staat« kreieren könne,[163] der sich vor allem durch die Entmachtung derjenigen »Eliten« auszeichnet, die für Jebsen hinter der Verschwörung stecken.

Fragt man nach Jebsens politischer Strategie, so ist, wie bei den meisten Verschwörungstheorien, die von einer Verschwörung »von oben« ausgehen, eine Affinität zum Populismus augenfällig. Diese Gemeinsamkeiten, auf die unter anderem Michael Butter hingewiesen hat,[164] bestehen auch bei Jebsen in der *personalisierenden* Elitenkritik, in der radikalen *Vereinfachung* des politischen Feldes (»Elite« versus »Volk« beziehungsweise Verschwörer versus Opfer), im Konservatismus (die bedrohte gesellschaftliche Ordnung bewahren oder wieder herstellen), in der negativen Zeichnung der (von den »Eliten« gesteuerten) Gegenwart, der eine mögliche rosige (vom »Volk« selbst bestimmte) Zukunft entgegengestellt wird, sowie in der Selbststilisierung als Dissident, die durch die Propagierung einer vom vermeintlichen Mainstream verfemten Verschwörungstheorie noch unterstützt wird. Ergänzt wird all dies in Jebsens Synkretismus allerdings, wie oben bereits gesagt, durch eine Sympathie für autoritäre Herrschaftsformen und Militarismus. Und mit dem Jebsen-Joker kommt außerdem noch eine anarchistische Figur ins Spiel, die es nicht auf die Bewahrung und auch nicht auf eine bessere Zukunft oder einen autoritären Staat, sondern vor allem auf die Zerstörung einer Gesellschaft angelegt hat, die das Individuum vermeintlich so lange geschunden hat, bis es darüber zum sadistischen Terroristen werden musste.

Es ist vor allem diese Figur, die im Hinblick auf Jebsens Verschwörungstheorie eine Frage aufwirft, die zuletzt Soziologen wie Bruno Latour und Luc Boltanski beschäftigt hat. Mit faszinierter Irritation haben sie nämlich eine Affinität zwischen kritischer Gesellschaftstheorie und Verschwörungstheorie, Sozialkritik und Paranoia beobachtet.[165] Sind Verschwörungstheoretiker:innen, die die Wirklichkeit als bloßen Schein, man könnte auch sagen: als Ideologie oder Verblendungszusammenhang hinterfragen und hinter dieser Oberfläche nach verborgenen Mächten und geheimen Netzwerken suchen, die dunkle Kehrseite eines kritisch-analytischen Blicks auf den modernen Staat und seine Institutionen, wie Boltanski mit Bezug auf die parallele Entstehung von Nationalstaat, Soziologie als wissenschaftlicher Disziplin, Paranoia als klinischer Diagnose und Detektiv- bzw. Spionageroman nahelegt? Oder anders gesagt: Wann kippt die berechtigte Sozialkritik in die paranoide Verschwörungstheorie, wie es im Zuge der Corona-Krise zuletzt bei dem italienischen Philosophen Giorgio Agamben zu beobachten war?[166]

Folgt man dem Amerikanisten Timothy Melley, so spielt der Einsatz von Intentionalität dafür eine zentrale Rolle. Das Problem besteht demnach nicht in dem (soziologieaffinen) Bemühen von Verschwörungstheorien, die »unmögliche Totalität des gegenwärtigen Welt Systems«, wie Frederic Jameson schreibt,[167] und »riesige Netzwerke der Macht« in den Blick zu nehmen, sondern in der Frage: »Warum ein gigantisches Wirtschaftssystem als Verschwörung darstellen? Warum ein Gefühl von Intentionalität bewahren?«[168] Melley weist hier auf eine für moderne Verschwörungstheorien grundlegende Struktur hin: Verschwörungstheoretikern gehe es vor allem darum, die Integrität des Selbst gegen die soziale Ordnung zu verteidigen.[169] Ihre Paranoia sei »eine Verteidigung, möglicherweise sogar ein Teil des *liberal individualism*« und seiner Vision eines »autonomen Selbst, das von der Gesellschaft belagert werde«.[170] Treibstoff moderner Verschwörungstheorien ist nach Melley darum eine paradoxe *agency panic*: Diese Panik sieht das autonome Individuum (das seine Intentionen kennt, sie umsetzen und auf diese Weise auch sein Leben und seine Geschichte selbstbestimmt gestalten kann) in Gefahr und glaubt *gerade deswegen* an eine Verschwörung, die in ihrem Angriff *gegen* dieses Individuum genau dieses überkommene Menschen-, Gesellschafts- und Geschichtsbild *aufrechterhält*:[171] Eine Gruppe von Verschwörern oder ein monolithisches »System« steuere »intentional« das Weltgeschehen nach einem geheimen Plan; und ebenso gezielt könnten nun diejenigen Individuen, die hinter die Fassade zu blicken vermöchten, dagegenhalten:

> Agency panic thus reveals the way social communications affect individual identity and agency, but it also *disavows* this revelation. It begins with radical insight, yet it is a fundamentally conservative response – »conservative« in the sense that it conserves a traditional model of the self in spite of the obvious challenges that postwar technologies of communication and social organization pose to that model.[172]

Darin besteht also zugleich die Nähe und die Ferne zur Soziologie: Wenn die Verschwörungstheorie »obskure Quellen sozialer Kontrolle« offenlegt, reetabliert sie Formen menschlicher Intentionalität, »wo eine streng soziologische Analyse nur Institutionen, Sitten, wirtschaftliche Strukturen und Diskurse finden würde«.[173]

Für Jebsens Verschwörungstheorie spielt dieser Aspekt eine zentrale Rolle. Alles in ihr kreist um das vermeintliche Ansinnen von Bill und Melinda Gates, die Freiheit des selbstbestimmten Individuums zu beschneiden, es zwangszuimpfen, seine Fortpflanzung, seine Stimmungen, seine Bewegungsfreiheit zu kontrollieren und dadurch noch reicher und mächtiger zu werden. Mit dem Jebsen-Joker wird das Aufbegehren gegen die Corona-Beschränkungen dann endgültig zur Rachefantasie des erniedrigten Individuums. Gleich einer libertären Miliz randaliert der Joker mit seinen Anhängern durch die Straßen von Gotham City – Auftakt zu einem epischen Kampf zwischen schwerreichem Superhelden und kapitalismuskritischem Underdog, der *agency* durch Gewalt ersetzt.

Der Rechtsruck, oder: Der Fall Tellkamp

Nach der Frankfurter Buchmesse 2017, auf der es angesichts der Ausstellungen der politisch am rechten Rand verorteten Verlage Junge Freiheit, Manuscriptum und Antaios zu heftigen Protesten und Gegenprotesten kam, initiierte die Dresdner Buchhändlerin Susanne Dagen die sogenannte »Charta 2017«, zu deren Erstunterzeichnenden der Dresdner Schriftsteller Uwe Tellkamp gehörte, der sich bis dahin kaum politisch positioniert hatte.[174] In diesem offenen Brief wurde unter anderem der Trend zu einer »Gesinnungsdiktatur« in Deutschland behauptet, insofern der Börsenverein des Deutschen Buchhandels, der vor der Messe zu einer aktiven Auseinandersetzung mit den Verlagen aufgerufen hatte, darüber befinden würde, »was als Meinung innerhalb des Gesinnungskorridors akzeptiert wird und was nicht«.[175] Daraufhin formulierten am 4. Dezember 2017 hundert Dresdner Autorinnen und Kulturschaffende einen Gegenaufruf, der über das Dresdner Literaturhaus Villa Augustin verbreitet wurde und zu dessen Erstunterzeichnenden der ebenfalls aus Dresden stammende Schriftsteller

Durs Grünbein gehörte. Sie kritisierten an der »Charta 2017«, dass es eine »verbale Entgleisung« bedeute, den Aufruf zur Kritik an Autoren, Texten und politischen Botschaften als »Gesinnungsdiktatur« zu »verunglimpf[en]«.[176] Denn »[d]ie Freiheit, sich zu äußern, begründ[e] kein Recht, sich unwidersprochen zu äußern.«[177] Außerdem wiesen sie darauf hin, dass das »emphatische Einfordern von Demokratie und Toleranz [...] dort zum Widerspruch [gerät], wo dadurch Autorinnen und Autoren sowie Texte verteidigt werden, welche die demokratische Grundordnung in Frage stellen, die liberale, pluralistische Gesellschaftsentwürfe verachten oder rassistisch argumentieren«.[178]

Durch ihre Unterschriften als politische Kontrahenten ausgemacht, wurden die Schriftsteller Tellkamp und Grünbein wenige Monate später, am 8. März 2018, zu einer von Karin Großmann, Redakteurin der *Sächsischen Zeitung*, moderierten Diskussionsveranstaltung im Dresdner Kulturpalast eingeladen, in der es, anschließend an die vorangegangene Debatte, um den Zustand der Meinungsfreiheit in Deutschland gehen sollte. Zu Beginn verlasen zunächst Grünbein und dann Tellkamp vorbereitete Statements – und um Tellkamps Statement soll es im Folgenden gehen.[179] Es hat, trotz der regen Diskussion der Veranstaltung, bisher kaum größere Beachtung erfahren, obwohl es in formaler Hinsicht durchaus bemerkenswert ist. Denn es stört die Erwartungen, die ein – durch diese Störung zur Aufmerksamkeit motiviertes – Publikum an ein solches Statement hat und die Grünbein zum Beispiel genau erfüllt, wenn er einen klassischen Kurzvortrag hält, in dem er sich klar zur Leitfrage der Veranstaltung positioniert. Tellkamp hingegen bringt eine Art Zitat-Collage und damit eine Form, die durch die Anmutung von Polyphonie und den Gestus des Dokumentarischen das Monologische und zugleich Auktoriale der Form des Eingangsstatements verschleiert.

Für Tellkamps Statement ist das Operieren mit Halbwahrheiten in mehr als einer Hinsicht zentral. Erstens agiert er in seinem Statement als *prosumer* von Halbwahrheiten. So handelt es sich beispielsweise bei einer von ihm erzählten Geschichte über Josef Joffe, der bei einer »Talkshow« auf die Frage einer »Zuschauerin«, wie man Trump wieder »loswerden« könne, geantwortet habe: »Mord im Weißen Haus, zum Beispiel«, um eine Halbwahrheit.[180] Zwar hatte eine Anruferin den ARD Presseclub am 22.01.2017 nach den Möglichkeiten eines Amtsenthebungsverfahrens gegen Trump gefragt, und Joffe hatte diesen Satz auch tatsächlich gesagt, aber nicht als Antwort auf die Frage der Anruferin, sondern als Ergänzung zu der Antwort einer anderen Rundenteilnehmerin, dass es hohe rechtliche Hürden gäbe und also »schon einiges passieren« müsse, damit ein Impeachment oder gar eine Amtsenthebung Trumps gerechtfertigt sei (nämlich, so Joffe, zum Beispiel ein Mord).[181]

Zum anderen ist diese Halbwahrheit mit großer Wahrscheinlichkeit nicht auf Tellkamp selbst zurückzuführen, sondern von woanders übernommen worden. Denn sie hatte bereits im Januar 2017 in diversen rechtsgerichteten Onlinezeitungen (zum Beispiel *Epoch Times Deutschland*), auf Websites (zum Beispiel *RT Deutsch*, *Breitbart*) und Blogs (zum Beispiel *PI News*) die Runde gemacht, garniert mit einer gehörigen Portion Empörung und als Beleg für einen linksliberalen und letztlich demokratiefeindlichen Diskurs in den deutschen Leitmedien, die eine solche Äußerung jedem politisch rechts Gesinnten niemals hätten durchgehen lassen.[182] Im Vergleich mit diesen Artikeln, die die andere Rundenteilnehmerin immerhin noch erwähnen (wenn auch nicht in Titel oder Lead), lässt Tellkamp deren Antwort jedoch ganz weg, macht aus dem Presseclub eine Talkshow, aus der Frage der Anruferin die Frage einer Zuschauerin nach Möglichkeiten, Trump loszuwerden, und spitzt alles noch stärker auf den vermeintlichen Mordaufruf zu. Er erzählt die Halbwahrheit also nicht einfach weiter, sondern verändert sie zugleich auch, schreibt sie sozusagen fort, ohne diesen Eingriff als solchen kenntlich zu machen.

Das zuletzt Gesagte wirft, zweitens, die Frage nach der Autorschaft auf. Denn wer spricht hier überhaupt? Hören wir Tellkamp, der ja um ein persönliches Statement gebeten worden war? Oder hören wir Positionen von Journalistinnen, Kommentatoren und anderen Personen des öffentlichen Lebens, die Tellkamp nur zitiert oder referiert, zumeist unter Nennung einer ungefähren Quelle? Oder hören wir eine bereits durch ungenannt bleibende Dritte gefilterte Version dieser Positionen, wie im Joffe-Beispiel? Diese Unentschiedenheit ist typisch für das Operieren mit Halbwahrheiten: Autorsein, sich aber zugleich der Verantwortung der Autorschaft entziehen, indem vermeintlich nur weitererzählt oder nur dokumentiert und der eigene Einsatz dabei im Unklaren belassen wird. Man glaubt zunächst, Tellkamps eigene Positionierung zu hören: »Guten Abend. Das Land, in dem wir gut und gerne leben – dieses Land hat ein Problem mit dem Islam. Merkel – Islam, die GroKo – Islam, Seehofer – Islam.«[183] Dann aber erfährt man, dass es sich zumindest bei einem Teil dieser Aussage um das Zitat eines ungenannt bleibenden Dritten handeln muss: »Leserkommentar *Die Achse des Guten*«.[184] Unklar bleibt, was von wem stammt. Wo endet Tellkamps Meinung, und wo beginnt das Zitat? Ähnlich verhält es sich, wenn Tellkamp über einen Vortrag des sächsischen Justizministers berichtet und im Anschluss die grotesk anmutende Rechnung aufmacht, die Bearbeitung aller anhängigen Asylverfahren würde über 5000 Jahre dauern, eine Rechnung, die durch den unvermittelten Verweis auf die Regierungszeit Pharao Ramses II noch zynischer wirkt. Was referiert hier noch den Justizminister, und was ist Tellkamps Beigabe? Rein grammatikalisch zeigt sich diese strategische Unentschiedenheit auch darin, dass Tellkamp in seinen Referaten immer wieder zwischen direkter und indirekter Rede springt. Zugleich beeinflussen und (re-)semantisieren sich die aufeinanderfolgenden Halbwahrheiten natürlich auch gegenseitig.

In Tellkamps Statement geht es vor allem um die Produktion von (Schein-)Evidenz. Sowohl im Kleinen, indem jede einzelne Halbwahrheit so funktioniert, dass von der Wahrheit eines Teils, und sei es auch nur die Quellenangabe, auf die Wahrheit der ganzen Aussage geschlossen werden soll, als auch im Großen, indem Tellkamp mit seiner Collage von Halbwahrheiten suggeriert, dass die Behauptung, es gebe eine Gesinnungsdiktatur, zutreffe. Dabei kommt jeder einzelnen von ihnen – neben der Lust an der Provokation, die auch schon die Ersetzung des Eingangsstatements durch die Zitatcollage motiviert – die Funktion zu, anekdotische Evidenz für dieses Rahmennarrativ zu liefern. An die Stelle des besseren Arguments tritt die pure Häufung von vermeintlichen

Fakten, die nicht nur, wie oben am Beispiel der Joffe-Geschichte gezeigt, in sich unrichtig, sondern auch extrem selektiv sind – es werden nur dem Rahmennarrativ kohärente Fallgeschichten zugelassen –; zudem wird unterschlagen, wenn es bereits eine breite und kritische Debatte darüber in den sogenannten »Mainstreammedien« gegeben hatte.

Mit seiner Tatsachenakkumulation übernimmt Tellkamp außerdem ein Verfahren des von ihm eigentlich kritisierten technokratischen Diskurses der Alternativlosigkeit. Nur sollen nun *seine* Fakten für sich beziehungsweise für ihn sprechen, Fakten, aus denen, so die Suggestion, notwendig folgt, dass es in Deutschland einen Meinungskorridor gebe. Entsprechend beruft sich die AfD-nahe Publizistin Vera Lengsfeld auf die zwingende Faktizität der Aussagen Tellkamps, wenn sie an den Suhrkamp Verlag, der sich von den Aussagen seines Autors Tellkamp distanziert hatte,[185] in einem offenen Brief schreibt:

> [I]ch [kann] alle Aussagen von Tellkamp unterschreiben. […] jeder, der es ohne ideologische Scheuklappen sieht, bemerkt, dass Tellkamp nur Tatsachen beschreibt. Wovon distanzieren Sie sich? […] Uwe Tellkamp hat das mit Quellenangaben […] angeführt und viele weitere Belege hinzugefügt.[186]

Falsch wird Tellkamps Tatsachenakkumulation aber nicht nur dadurch, dass es sich bei den »Fakten« um Halbwahrheiten handelt, sondern auch dadurch, dass sie mit Dekontextualisierungen, das heißt mit der strategischen Nichtbeachtung des Verhältnisses des Besonderen (das heißt: des Einzelfalls) zum Allgemeinen (der Gesellschaft als Ganzes) arbeitet, indem sie das Besondere – in Gestalt der Halbwahrheit – zum falschen Allgemeinen verabsolutiert, statt über das (möglicherweise schwierige, vielleicht auch widersprüchliche oder sogar dialektische) Verhältnis vom einzelnen sozialen oder auch medialen Phänomen zu seinen sozialen, kommunikativen, auch historischen Kontexten nachzudenken und dann ein begründetes Urteil zu fällen.

Gut acht Monate später, am 13. November 2018, publizierte Tellkamp in der Zeitschrift *Sezession*, die sich selbst als »rechtsintellektuell« bezeichnet,[187] einen offenen Brief, mit dem er auf einen kurz zuvor im Dresdner *Elbhang Kurier* erschienenen offenen Brief der Publizisten Hans-Peter Lühr und Paul Kaiser an die Buchhändlerin Dagen antwortete und auch gegen die am 9. November 2018 veröffentlichte »Erklärung der Vielen«, mit der sich zahlreiche Dresdner Kulturinstitutionen gegen einen demokratische Grundwerte untergrabenden Rechtspopulismus positionierten, Stellung bezog.[188] Beide Texte wurden in der *Sezession* dem Brief Tellkamps vorangestellt und von der Redaktion als »Attacken« und »Angriffe« bewertet. Im Anschluss an die »Erklärung der Vielen« wurde zudem die Liste der erstunterzeichnenden Institutionen verlinkt und mit der Aufforderung, diejenigen Institutionen zu markieren, die »NICHT auch oder größtenteils von Steuergeldern« leben und »KEINE Propagandaveranstaltungen von links durchgeführt haben«, der Verdacht gestreut, dass es sich bei den vermeintlich »Vielen« in Wahrheit um eine staatlich unterstützte Minderheit linker Nutznießer handele.[189] Der redaktionelle Rahmen, in dem Tellkamps Brief erscheint, ist also bereits von martialischer Rhetorik und Verdachtshermeneutik geprägt.

An Tellkamps offenem Brief irritiert zunächst, dass er auf einen anderen Brief antwortet, der gar nicht an ihn gerichtet war, sondern an Dagen. Sein Name fällt in Lührs/Kaisers Brief nur einmal, und zwar dort, wo von der »Tellkamp-Grünbein-Diskussion« im Kulturpalast die Rede ist. Aber an dieser Stelle geht es gar nicht um Tellkamp, sondern um den Verleger des Antaios Verlags und der Zeitschrift *Sezession*, Götz Kubitschek, der sich im Rahmen der Veranstaltung ebenfalls äußerte. Und doch nimmt Tellkamp die Stelle zum Anlass, sich »mitgemeint« und »mitbetroffen« zu fühlen.[190] Ist sein offener Brief also als Bekenntnis der Zugehörigkeit zu denjenigen zu verstehen, zu denen Lühr/Kaiser Dagen eine zu große Nähe vorwerfen? Das entspräche jedenfalls dem Selbstverständnis der Zeitschrift, nach dem »für die *Sezession* zu arbeiten [...], eine ganz eigentümliche Art, sich zu bekennen« bedeute.[191] Und das legt auch Tellkamp selbst nahe, indem er sich in seinem Brief wiederholt in eine (teilweise imaginäre, weil im Brief von Kaiser/Lühr als solche gar nicht konstituierte) Gruppe einschreibt: »[...] kann auch ich mich jetzt als einer derjenigen verstehen, die zur von Lühr/Kaiser beschworenen Düsternis am Elbhang beitragen«.[192]

Halbwahrheiten spielen in Tellkamps offenem Brief eine andere Rolle als in seinem Dresdner Statement. Hier geht es nicht um die Ansammlung vermeintlicher Fakten, sondern um eine bestimmte Lektürepraxis, die man als eine aus dem Ruder laufende Hermeneutik des Verdachts beschreiben könnte – eines Verdachts, der im Dresdner Statement im Voraus mit Tatsachenakkumulationen erhärtet wurde. Den Modus seiner Lektüre benennt Tellkamp interessanterweise selbst: »Heraushören« und »Gespenstersehen«.[193] Sie sind es, die ihn Halbwahrheiten über die beiden von ihm gelesenen Texte – die er zu »Dokumenten« des von ihm diagnostizierten Missstands erklärt – produzieren lassen.[194] Diese Halbwahrheiten bedienen ein Opfer-, Helden-

und Katastrophennarrativ, das von den zahlreichen Leserkommentaren, auf die unten noch zurückzukommen sein wird, dankbar aufgenommen wird.

Das Opfer- und Heldennarrativ ist durch das Motiv des Kampfes der Wenigen gegen eine staatliche Übermacht bestimmt. Dabei werden Erstere mit den Dissidenten des DDR-Regimes gleichgesetzt und so moralisch legitimiert. Beispielsweise Dagen, gegen die sich Lührs/Kaisers Brief in der Sprache von »Funktionären des Schriftstellerverbandes« der ehemaligen DDR und ihrer »gleichgeschalteten Presseorgane« richte.[195] Dagen und der sich mitgemeint fühlende Tellkamp würden durch den Brief gewissermaßen »zum Abschuß [sic!] freigegeben«.[196] Plastisch wird die mediale »Wucht des Common sense [sic!]«, die abweichende Positionen unterdrücke, in Tellkamps offenem Brief durch die Aufzählung von knapp 20 Zeitungen, die sich alle auf diesen verpflichtet hätten und gegen den »Einmannunternehmen« auf »kleinen Blogs oder in kleinen Zeitschriften« heldenhaft anschreiben würden.[197]

Das Katastrophennarrativ ist etwas weniger stark ausgeprägt und steigert sich zum Ende des Briefes hin. Es arbeitet vor allem mit Kontrasten und Übertreibungen: Den »netten« Migranten bei Kaiser/Lühr wird eine summarische und stark verallgemeinernde Aufzählung von Orten

(»Freiburg, Offenburg, Kandel, Köln und Chemnitz«) gegenübergestellt, an denen Migranten Gewaltverbrechen verübten, ohne dass »unsere Feministinnen« dagegen protestiert hätten.[198] Und wenn Tellkamp gegen die von ihm gelesenen Texte einfordert, es müsse »zu diskutieren [...] darüber möglich sein, ob [...] wir unser Land und unsere Kultur einfach preisgeben wollen«, bricht er diese Diskussion im nächsten Satz schon wieder ab, indem er die Katastrophe bereits eintreten sieht – »[s]ie wird aber preisgegeben, wenn sich die Einwanderung in den bisherigen Größenordnungen fortsetzt« – und alle anders lautenden Positionen als bloße »Narrative« (was hier wohl so viel wie ideologische Verblendung heißen soll) abtut.[199]

Die Leserkommentare bauen aus, was Tellkamp vorgibt.[200] Sie steigern die Empörung, sie schreiben sich über ihr gemeinsames »Prosumieren« noch stärker in eine Gruppe ein (oft ist von »uns« und »wir« die Rede), die sich über einen gemeinsamen Feind identifiziert, hier stellvertreten durch die Autoren des offenen Briefs und der »Erklärung der Vielen«. Und sie bauen die Narrative, vor allem das Katastrophennarrativ, weiter aus. So ist von »vom Staat finanzierten und geschützten Terrorgruppen« die Rede, die »uns« »kaum eine Chance« gäben, »einfach nur zu existieren«;[201] es ist (abermals in Gleichsetzung mit der DDR) von einer »Diktatur« die Rede, der »Aufrechte« wie Tellkamp entgegenstünden und denen »die Zukunft gehöre«;[202] und es ist von drohendem »kollektivem Suizid« und »Untergang unserer Kultur«, von der drohenden »Abschaffung Deutschlands« und »Selbstvernichtung« die Rede,[203] jeweils mit implizitem oder explizitem Hinweis auf das Anwachsen der muslimischen Bevölkerung in Deutschland. Dabei wird auch auf kleine Geschichten zurückgegriffen, die persönliche Erfahrungen und Erlebnisse erzählen und auf diese Weise eine Korrespondenz zur Lebensrealität der Einzelnen herstellen sollen. Und es werden sogar fiktionale Mikroerzählungen eingeflochten, die zum Beispiel eine fiktive Stasi-/IM-Szene, einen fiktiven Bußgeldbescheid oder eine lyrische Allegorie liefern, in der in de-humanisierenden Parasiten-Metaphern die Zerstörung Deutschlands durch ein »feistes Wurmvolk« beschrieben wird.[204]

Auch hier geht es um Evidenzproduktion, aber nicht mithilfe der Lieferung vermeintlicher *evidence*, sondern indem die fiktionalen Geschichten die Rede von »Diktatur« oder »Endzeit« veranschaulichen, mit entsprechenden Figuren, Handlungen und Sprachbildern ausstatten und auf diese Weise konkret, sinnlich erfahrbar und emotional ansprechend machen.

Halbwahrheiten tun so, als operierten sie nach der Unterscheidung *wahr/falsch*, setzen diese jedoch zugleich außer Kraft durch die Einwanderung des Fiktiven ins Faktuale und eine narrative Logik, die, wie im zweiten Kapitel beschrieben, ganz anderen Codes gehorcht. Damit sind sie strukturelles Vorbild einer politischen Strategie, sich scheinbar einzulassen auf die Prinzipien einer demokratischen Gesellschaft, diese aber im gleichen Moment auch schon zu unterwandern. So tut beispielsweise die AfD so, als sei sie eine demokratische Partei, untergräbt aber im Parlament den Parlamentarismus, indem sie auf die Disruption der Diskussionskultur und damit auch politischer Entscheidungsprozesse zielt.[205] So agieren Relotius und der Verschwörungstheoretiker Jebsen als investigative Journalisten, hebeln dann aber – auf unterschiedliche Weise und mit unterschiedlichen Zielsetzungen – grundlegende journalistische Standards aus (wie sie beispielsweise im 1973 vom Deutschen Presserat vorgelegten Pressekodex festgehalten sind). Und so erweckt Tellkamp den Anschein, er sei an einem rationalen Diskurs interessiert, torpediert diesen dann aber durch das Operieren mit Halbwahrheiten und einer entgleisenden Verdachtshermeneutik. Sie alle machen sich ihre »Halbheit« zugleich zunutze, indem sie für sich das Beste zweier Welten beanspruchen: bürgerliche Partei *und* außerparlamentarische Opposition, investigativer Journalist *und* Geschichtenerfinder, Tatsachen *und* Fiktionen.

Im Sinne der Ideologiekritik könnte man darauf so reagieren, dass man die eine Hälfte dieser Strategie als »falschen Schein« entlarvt, hinter dem sich eine andere Hälfte verbirgt, die die eigentliche Agenda verfolgt. Doch ist das, wie im ersten Kapitel unter Rückgriff auf Adorno ausgeführt, im Grunde »naiv«.[206] Denn man hat es mit einer Position zu tun, die sich mit der Strategie der Halbwahrheit bereits jenseits der Möglichkeit einer immanenten Kritik und ihrer Unterscheidung von Wahrheit und Falschheit bewegt. Stattdessen gilt es zum einen, wie ich das in diesem Essay versucht habe, sich die unterbelichtete »andere Hälfte« genauer anzusehen, also keinen Fakten-, sondern einen Fiktionscheck zu betreiben und die Verfahren und Codes, mit denen hier operiert wird, herauszuarbeiten. Und es gilt zum anderen, das Ineinandergleiten der beiden Hälften zu untersuchen, das nicht auf einen differenzierteren Wahrheitsbegriff, sondern auf einen zynischen Relativismus hinausläuft, der autoritäre Züge annehmen kann.

Anmerkungen

1 Hannah Arendt spricht vom »menschlichen Orientierungssinn im Bereich des Wirklichen«: Hannah Arendt, »Wahrheit und Politik«, in: dies., *Wahrheit und Lüge in der Politik. Zwei Essays*, München 2013, S. 44–92, hier S. 83, s. a. S. 55: »Was hier auf dem Spiele steht, ist die faktische Wirklichkeit selbst«.

2 Arendt, »Wahrheit und Politik«, S. 92.

3 Ebd.

4 Ebd., S. 65.

5 Philipp Sarasin, »#Fakten. Was wir in der Postmoderne über sie wissen können«, in: *Geschichte der Gegenwart*, 09.10.2016, {geschichtedergegenwart.ch/fakten-was-wir-in-der-postmoderne-ueber-sie-wissen-koennen/}, letzter Zugriff 30.06. 2020. Der Artikel sei hier ausführlich zitiert, weil er, ebenso wie der folgende von Silke van Dyk, für das Faktenverständnis des vorliegenden Essays grundlegend ist: »Fakten gelten in der heute dominanten Wissenschaftstheorie […] als *gemacht* und von den Bedingungen ihrer Herstellung als wissenschaftliche Tatsachen geprägt. Das heisst […] allerdings nicht, sie seien deshalb beliebig, blosse Erfindungen, Meinungen oder gar von Lügen nicht zu unterscheiden. […] Die Absicherung für die […] Verlässlichkeit wissenschaftlicher Erkenntnis liegt heute […] in einem durch gegenseitige Kontrolle, Überprüfung und Kritik strukturierten Forschungsprozess der *scientific community*. […] Fakten [sind] nach wie vor ›robust‹: Sie sind durch viele Evidenzen

bestätigt und erscheinen als die beste Auskunft, die wir gegenwärtig zu geben im Stande sind. Sich in […] kontingenter Weise auf Fakten zu beziehen und um diese Kontingenz zu wissen, hat daher eine *ethische* Dimension: Es ist eine Frage der Redlichkeit, unseren Bezug auf Fakten immer mit einer Fussnote zu versehen, um offenzulegen, dank welcher Annahmen, Quellen und Modelle ein bestimmtes Faktum ›möglich‹, ja ›wahr‹ ist. […] Sie schützt uns *einerseits* davor, ›Positivist‹ zu sein, […] ein Dogmatiker, ein Ideologe in Gestalt eines ›Realisten‹. […] [Und] *andrerseits* auch gegen den Zynismus, der gegenwärtig am (breiten) rechten Rand des politischen Spektrums zu beobachten ist« und der »die postmoderne Epistemologie dazu missbraucht, die Unterscheidung zwischen Lüge und Wahrheit einzuebnen« (ebd. [Hvh. im Original]). Arendts 1967 formulierte Einsicht, dass im politischen Feld heute die Tatsachenwahrheit durch ihre Verwandlung in bloße Meinung gefährdet sei (»Wahrheit und Politik«, S. 55), ist darum gegenwärtig von besonderer Relevanz. Jüngst hat beispielsweise Silke van Dyk an Arendts Überlegungen angeschlossen, um das »System Trump & Co.« zu beschreiben: »Das neue Wahrheitsspiel des Systems Trump & Co., das systematisch den Unterschied zwischen Tatsachen und Meinungen verwischt, ist hochgefährlich und zerstört die Grundlagen politischen Denkens. Das heißt im Umkehrschluss selbstverständlich nicht, dass Fakten und Tatsachen nicht umstritten oder herrschaftsförmig sein können […]. Doch diese Kritik soll […] zu den Fakten und Tatsachen hin-

und nicht von ihnen wegführen [...]. Im System Trump & Co. passiert genau das Gegenteil, denn an die Stelle der kritischen Prüfung tritt ein Wahrheitsspiel, das allein mit der Währung Aufmerksamkeit arbeitet [...], die hoch anfällig ist für Ressentiments« (Silke van Dyk, »Krise der Faktizität? Über Wahrheit und Lüge in der Politik und die Aufgabe der Kritik«, in: *PROKLA Zeitschrift für kritische Sozialwissenschaft* 188 (2017), S. 347–367, hier S. 365).

6 Arendt, »Wahrheit und Politik«, S. 63.

7 Ebd., S. 58.

8 Ebd., S. 83.

9 Der Begriff »Rechtspopulismus« ist nicht unumstritten, weil er auch als Euphemismus für rechtsradikale oder rechtsextreme Bewegungen und Akteure verwendet werden kann. Ich orientiere mich an einem an Jan-Werner Müller (*Was ist Populismus? Ein Essay*, Berlin 2016) geschulten Verständnis von Populismus, nach dem Populismus nicht eine bestimmte politische Orientierung, sondern, wie Hendricks/Vestergaard schreiben, eine politische Strategie oder Regierungstechnik bezeichnet, in deren Zentrum »polarisiert[e] und exkludierend[e] Erzählungen über Freunde und Feinde (innere wie äußere)« stehen (Vincent F. Hendricks, Mads Vestergaard, *Postfaktisch. Die neue Wirklichkeit in Zeiten von Bullshit, Fake News und Verschwörungstheorien*, München 2018, S. 136). Dabei hat gegenwärtig jedoch »der Rechtspopulismus den kräftigsten Wind in den Segeln« (S. 136). »Im populistischen Begriffsapparat [werden] politische Gegner nicht als Repräsentanten anderer

legitimer Standpunkte oder Meinungen angesehen […] – was Grundvoraussetzung für eine pluralistische, liberale Demokratie ist.« (S. 137) Daher rührt der latent oder offen antidemokratische Zug gegenwärtiger rechtspopulistischer Bewegungen, dem, so Hendricks/Vestergaard, ein Medienumfeld entgegenkommt, in dem die »Jagd nach Aufmerksamkeit auf einem Markt der Informationen zu Desinformation, politischen Blasen, Populismus und letztendlich zu einer postfaktischen Demokratie führt« (S. 9).

10 Die Gesellschaft für deutsche Sprache definiert: »Das Kunstwort *postfaktisch* […] verweist darauf, dass es in politischen und gesellschaftlichen Diskussionen heute zunehmend um Emotionen anstelle von Fakten geht. Immer größere Bevölkerungsschichten sind in ihrem Widerwillen gegen ›die da oben‹ bereit, Tatsachen zu ignorieren und sogar offensichtliche Lügen bereitwillig zu akzeptieren. Nicht der Anspruch auf Wahrheit, sondern das Aussprechen der ›gefühlten Wahrheit‹ führt im ›postfaktischen Zeitalter‹ zum Erfolg« (»GfdS wählt ›postfaktisch‹ zum Wort des Jahres 2016« [Pressemitteilung vom 9.12.2016], {https://gfds.de/wort-des-jahres-2016/}, letzter Zugriff 17.06.2020 [Hvh. im Original]). Zu meiner kritischen Diskussion des Begriffs »postfaktisch« und der Frage, ob es sich beim »Postfaktischen« tatsächlich um ein neues Phänomen handelt: vgl. Nicola Gess, »Half-Truths. On an Instrument of Post-Truth Politics«, in: Ben Carver u. a. (Hg.), *Plots: Literary Form and Cultures of Conspiracy*, London [im Erscheinen]; sowie auch: Nicola Gess, »Versuch über die Halbwahr-

heit«, in: M. Martinez u. a. (Hg.), *Postfaktisches Erzählen*, Berlin [im Erscheinen].

11 Vgl. Glenn Thrush, »Trump's Voter Fraud Example? A Troubled Tale With Bernhard Langer«, in: *The New York Times*, 25.01.2017, {www.nytimes.com/2017/01/25/us/politics/trump-bernhard-langer-voting-fraud.html}, letzter Zugriff 17.06.2020.

12 Vgl. Desmond Bieler, Cindy Boren, »German Golfer Bernhard Langer Disputes President Trump's Story About Unfounded Voter Fraud«, in: *The Washington Post*, 26.01.2017, {www.washingtonpost.com/news/early-lead/wp/2017/01/25/trumps-unfounded-voter-fraud-theory-was-fueled-by-german-golfer-bernhard-langer/?noredirect=on&utm_term=.2641b773296c}, letzter Zugriff 17.06.2020; Ohne Autor, »Angebliches Gespräch über Wahlbetrug. Bernhard Langer bestreitet Trumps Darstellung«, in: *Spiegel Online*, 27.01.2017, {www.spiegel.de/politik/ausland/donald-trump-bernhard-langer-bestreitet-gespraech-ueber-wahlbetrug-a-1131928.html}, letzter Zugriff 17.06.2020.

13 Die entsprechende Kommission (Presidential Advisory Commission on Election Integrity) wurde im Mai 2017 eingesetzt und im Januar 2018 wieder aufgelöst.

14 Deutsche Übersetzung: Nicola Gess. Im Original: »Joe Biden Said On Video That Democrats Built the Biggest ›Voter Fraud‹ Operation in History. We're seeing it on full display right now!« (@mtgreene, *Twitter*, 04.11.2020, {twitter.com/mtgreenee/status/1323991438447808512}, letzter Zugriff 19.11.2020). Der Tweet wurde von Twitter

mit der Warnung versehen: »Einige oder alle der Inhalte, die in diesem Tweet geteilt werden, sind umstritten und möglicherweise irreführend in Bezug auf eine Wahl oder einen anderen staatsbürgerlichen Prozess«, und das ursprünglich verlinkte Video wurde unter ihrem Tweet gelöscht. Der Tweet wird z. B. hier zitiert: Glenn Kessler, »Bogus ›vote fraud‹ claims proliferate on social media«, in: *The Washington Post*, 04.11.2020, {www.washingtonpost.com/politics/2020/11/04/bogus-vote-fraud-claims-proliferate-social-media/}, letzter Zugriff 19.11.2020.

15 Deutsche Übersetzung: Nicola Gess. Der Videoclip ist z. B. hier einzusehen: Donald J. Trump, »Joe Biden brags about having ›the most extensive and inclusive VOTER FRAUD organization‹ in history«, *YouTube*, 25.10.2020, {www.youtube.com/watch?v=MA8a2g6tTp0}, letzter Zugriff 19.11.2020.

16 Es handelt sich um ein von Dan Pfeiffer und Jon Lovett geführtes Interview mit Präsidentschaftskandidat Joe Biden in einem Podcast (»Pod Save America«) auf Crooked Media vom 24.10.2020. Biden war von Pfeiffer gefragt worden, was er zu Menschen sagen würde, die immer noch nicht gewählt hätten. Der Videoclip wurde aus dem folgenden Teil seiner Antwort entnommen (kursiv markiert): »Republicans are doing everything they can to make it harder for people to vote – particularly people of color – to vote. So go to IWILLVOTE.com. Secondly, we're in a situation where we have put together, and you guys did it for our administration – President Obama's administration before this – *we have put together I*

think the most extensive and inclusive voter fraud organization in the history of American politics. What the president is trying to do is discourage people from voting by implying that their vote won't be counted, it can't be counted, we're going to challenge it and all these things. If enough people vote, it's going to overwhelm the system. You see what's happening now, you guys know it as well as I do, you see the long, long lines and early voting. You see the millions of people who have already cast a ballot. And so, don't be intimidated. If, in fact, you have any problem, go to and I don't have the number, but it's 833-DEM-VOTE. The letters D-E-M-V-O-T-E. Call that number. We have over a thousand lawyers, over a thousand of them answering the phone. If you think there's any challenge to your voting, go to 833-DEM-VOTE. Dial those letters on your phone that will get you the assistance that we have already put in place.« (Pod Save America, »We got Joe!«, 25.10.2020, {crooked.com/podcast/joe-biden-pod-save-america-interview/}, letzter Zugriff 19.11.2020, 19:00–20:32; dort auch transkribiert).

17 Vgl. die Faktenchecks der Nachrichtenagentur Reuters und der *Washington Post*: Reuters, »Fact check: Clip of Biden taken out of context to portray him as plotting a voter fraud scheme«, 29.10.2020, {www.reuters.com/article/uk-factcheck-biden-voter-protection-not-idUSKBN27E2VH}, letzter Zugriff 19.11.2020; Kessler, »Bogus ›vote fraud‹ claims proliferate on social media«.

18 Hendricks/Vestergaard, *Postfaktisch,* S. 12.

19 Ohne Autor, »US sends 3.600 tanks against Russia – Massive NATO deployment on the way«, in: *DONi News*, 04.01.2017, {dninews.com/article/us-sends-3600-tanks-against-russia-massive-nato-deployment-underway}, letzter Zugriff 28.06.2020, zit. nach Hendricks/Vestergaard, *Postfaktisch*, S. 11. Zum Verhältnis des Begriffs der Halbwahrheit zu dem der Fake News ist zu sagen: Nicht alle Halbwahrheiten sind ursprünglich Nachrichten (wie z. B. die oben erzählte Golfer-Geschichte Trumps) und nicht alle Fake News berichten Halbwahrheiten (sondern mindestens ebenso häufig komplette Lügen).

20 Hendricks/Vestergaard, *Postfaktisch*, S. 11.

21 Ebd., S. 11 f.

22 Vgl. zu Affektbetontheit und Phraseologismen z. B.: Matthias Schaffrick, »›Das wird man ja wohl noch sagen dürfen‹. Rhetorik und Poetik der populistischen Phrase«, in: Stefan Neuhaus, Immanuel Nover (Hg.), *Das Politische in der Literatur der Gegenwart*, Berlin 2018, S. 79–108; Jörg Metelmann, »Der Extremismus der Mitte. Hassrede und Ressentiment in der populistischen Gegenwart«, in: Jürgen Brockoff, Robert Walter-Jochum (Hg.), *Hass/Literatur. Literatur- und kulturwissenschaftliche Beiträge zu einer Theorie- und Diskursgeschichte*, Bielefeld 2019, S. 119–138.

23 Neben Hendricks/Vestergaard (z. B. *Postfaktisch*, S. 99) weisen auch andere Desinformation-Studien auf diese Konjunktur hin, wie z. B. die unten noch zu berücksichtigende aktuelle Studie zur Verbreitung von Desinformation im Kontext der Corona-Pandemie: J. Scott Brennen u. a., »Types,

Sources, and Claims of COVID-19 Misinformation«, in: *Factsheet April 2020 des Reuters Institute for the Study of Journalism*, 07.04.2020, S. 1–13, {reutersinstitute.politics.ox.ac.uk/types-sources-and-claims-covid-19-misinformation}, letzter Zugriff 30.06.2020; oder auch Ingrid Brodnig, *Lügen im Netz. Wie Fake News, Populisten und unkontrollierte Technik uns manipulieren*, Wien 2017, S. 32–36.

24 Claus Leggewie, Mathias Mertens, »Famanet. Das Internet als politische Gerüchteküche«, in: Jürgen Brokoff u. a. (Hg.), *Die Kommunikation der Gerüchte*, Göttingen 2008, S. 191–204, hier S. 191.

25 Ob und inwiefern die sozialen Netzwerke für die Konjunktur des Postfaktischen (mit)verantwortlich sind, ist umstritten. So argumentieren z. B. Hendricks/Vestergaard, dass die mediale »Aufmerksamkeitsökonomie« mit einer gewissen Zwangsläufigkeit »zu Desinformation, politischen Blasen, Populismus und letztendlich zu einer postfaktischen Demokratie führt« (*Postfaktisch*, S. 9), während beispielsweise Bettina Stangneth (*Lügen lesen*, Reinbek bei Hamburg 2017) für die Entscheidungsfreiheit des Einzelnen votiert und betont, dass das Internet die Entlarvung des Lügners erleichtere (S. 122 f.).

26 Vgl. z. B. Brodnig (*Lügen im Netz*) zur »medialen Strategie von Rechtspopulisten«: »Sie nähren den Zweifel an etablierten Medien und empfehlen kraftvoll, ins Internet auszuweichen.« (S. 72) »Rund um rechtspopulistische Parteien wächst im Netz eine eigene Echokammer heran, in der Bürger permanent mit Schreckensmeldungen

und auch Halbwahrheiten passend zur Parteilinie versorgt und bedient werden.« (S. 75) Während »dubiose Webseiten in unterschiedlichen Ländern häufig vergleichbare Gerüchte [streuen], die Misstrauen in die Demokratie nähren« (S. 13), pflegten passend dazu, »alle rechtspopulistischen Parteien eine […] ›Arroganz der Ignoranz‹« (S. 81), d. h. einen »eher ambivalenten Umgang mit Richtigstellungen« (S. 80), und das gesellschaftlich konservative Milieu eine »negativitäts-bezogene Leichtgläubigkeit« (S. 58), die es für deren Falschnachrichten besonders empfänglich mache.

27 Vgl. z. B. Lars Distelhorst, *Kritik des Postfaktischen. Der Kapitalismus und seine Spätfolgen*, Paderborn 2019, S. 72.

28 Jens-Christian Rabe, »Politische Theorie. Sich dem Rechtsradikalismus stellen – mit der Kraft der Vernunft«, in: *Süddeutsche Zeitung*, 20.07.2019, {www.sueddeutsche.de/kultur/aspekte-des-neuen-rechtsradikalismus-adorno-rezension-suhrkamp-1.4531555}, letzter Zugriff 30.06.2020; Thomas Assheuer, »Theodor W. Adorno. Wotan will das Ende«, in: *Die Zeit*, 24.07.2019, {www.zeit.de/2019/31/theodor-w-adorno-rechtsradikalismus-kapitalismus-buch}, letzter Zugriff 30.06.2020; Gregor Dotzauer, »Adorno zum 50. Todestag. Die Vernunft der Verrückten«, in: *Der Tagesspiegel*, 12.07.2019, {www.tagesspiegel.de/kultur/adorno-zum-50-todestag-die-vernunft-der-verrueckten/24588444.html}, letzter Zugriff 30.06.2020.

29 Theodor W. Adorno, »Beitrag zur Ideologienlehre«, in: ders., *Gesammelte Schriften*, Bd. 8:

Soziologische Schriften I, hg. v. Rolf Tiedemann, Frankfurt a. M. 1997, S. 457–477. Siehe zu einer ideologie- und werkgeschichtlichen Einordnung dieses Textes: Jan Rehmann, »Ideologiekritik. Die Ideologiekritik der Kritischen Theorie«, in: Uwe Bittlingmayer u. a. (Hg.), *Handbuch Kritische Theorie*, Wiesbaden 2016, S. 1–38, hier S. 17 f.

30 Das Festhalten an einem wie auch immer normativen Wahrheitsbegriff ist einer der Hauptgründe für die Kritik postmoderner Theoretiker:innen am Konzept der Ideologie. Vgl. zur Nähe und Ferne von Poststrukturalismus und Kritischer Theorie u. a.: Andreas Reckwitz, »Kritische Gesellschaftstheorie heute«, in: ders., *Unscharfe Grenzen. Perspektiven der Kultursoziologie*, Bielefeld 2008, S. 283–299.

31 Eine solche Renaissance kündigt sich z. B. an bei Rahel Jaeggi, Raymond Geuss, Robin Celikates, Titus Stahl, Sally Haslanger. Vgl. auch die Tagung »Ideologie. Eine Wiederaufnahme« am ZFL Berlin (2019) und die Summer School »Re-Thinking Ideology« an der HU Berlin (2018).

32 Adorno, »Beitrag zur Ideologienlehre«, S. 465.

33 Theodor W. Adorno, »Zur Logik der Sozialwissenschaften«, in: ders., *Gesammelte Schriften*, Bd. 8: *Soziologische Schriften I*, hg. v. Rolf Tiedemann, Frankfurt a. M. 1997, S. 547–565, hier S. 565.

34 Vgl. Theodor W. Adorno, »Negative Dialektik«, in: ders., *Gesammelte Schriften*, Bd. 6: *Negative Dialektik. Jargon der Eigentlichkeit*, hg. v. Rolf Tiedemann, Frankfurt a. M. 1997, S. 7–412, hier S. 198.

35 Rahel Jaeggi, »Was ist Ideologiekritik?«, in: dies., Tilo Wesche (Hg.), *Was ist Kritik?*, Frankfurt a. M. 2009, S. 266–295, hier S. 277 u. 284.

36 Adorno, »Negative Dialektik«, S. 265.

37 Adorno, »Beitrag zur Ideologienlehre«, S. 476.

38 Ebd.

39 Ebd., S. 477.

40 Ebd.

41 Ebd., S. 466.

42 Adorno, »Negative Dialektik«, S. 265.

43 Ebd.

44 Vgl. Adorno, »Beitrag zur Ideologienlehre«, S. 466. Er denkt dabei im »Beitrag zur Ideologienlehre« an Positionen des italienischen Soziologen Pareto, an anderen Orten aber auch an die Mannheim'sche Wissenssoziologie. Die in den 1970er-Jahren breite Debatte »Ideologiekritik versus Wissenssoziologie« spiegelt sich wider z. B. in: Helmut Dubiel, »Ideologiekritik versus Wissenssoziologie. Die Kritik der Mannheimschen Wissenssoziologie in der Kritischen Theorie«, in: *Archiv für Rechts- und Sozialphilosophie* 61.2 (1975), S. 223–238. In ihrer Kritik an einem vermeintlichen Relativismus der Wissenssoziologie nimmt die Kritische Theorie ein Argument aus den *science wars* der 1990er-Jahre vorweg, in denen poststrukturalistischen Theoretikern (hier allerdings eher aus der Perspektive eines positivistischen Wissenschaftsverständnisses) vorgeworfen wurde, einem gefährlichen Relativismus das Wort zu reden. Zu den berechtigten Einwänden dagegen siehe u. a.: Manuel Köster, »Alternative Fakten? Die sprachliche Konstruktion des Faktizitätsanspruchs rechtspopulisti-

scher historischer Narrative«, in: *Zeitschrift für Geschichtsdidaktik* 17 (2018), S. 72–86.

45 Adorno, »Beitrag zur Ideologienlehre«, S. 469.

46 Diese Hilflosigkeit betont heute Albrecht Koschorke, »Linksruck der Fakten«, in: *Zeitschrift für Medien- und Kulturforschung. Schwerpunkt Alternative Fakten* 9.2 (2018), S. 107–118, hier S. 113.

47 Adorno, »Beitrag zur Ideologienlehre«, S. 469.

48 Ebd., S. 470.

49 Theodor W. Adorno, »Pseudomenos«, in: ders., *Gesammelte Schriften*, Bd. 4: *Minima Moralia. Reflexionen aus dem beschädigten Leben*, hg. v. Rolf Tiedemann, Frankfurt a. M. 2018, S. 122–123.

50 Adorno, »Beitrag zur Ideologienlehre«, S. 465.

51 Ebd., S. 466.

52 Vgl. ebd.

53 Adorno, »Pseudomenos«, S. 123.

54 Adorno, »Beitrag zur Ideologienlehre«, S. 470.

55 Video des originalen Statements: Ohne Autor, »Meet the Press. Conway: Press Secretary Gave ›Alternative Facts‹«, in: *NBC News*, 22.01.2017, {www.nbcnews.com/meet-the-press/video/conway-press-secretary-gave-alternative-facts-860142147643}, letzter Zugriff 18.11.2020; »alternative facts« bei 01:55–02:02.

56 Karin Priester, »Umrisse des populistischen Narrativs als Identitätspolitik«, in: Michael Müller, Jørn Precht (Hg.), *Narrative des Populismus. Erzählmuster und -strukturen populistischer Politik*, Wiesbaden 2019, S. 11–25, hier S. 24. Dagegen sprechen auch die mangelnde Konsistenz und der Synkretismus der Summe solcher Narrative

sowie die Tatsache, dass ihr »Markenkern« häufig nur in einem »Dagegen-Sein« besteht. Instruktiv hierzu: Koschorke, der darauf hinweist, dass z. B. der Erfolg des nationalsozialistischen Programms gerade in dessen Inkohärenz bestand, wie er u. a. anhand der Analyse von *Mein Kampf* vorführt (Koschorke, *Adolf Hitlers »Mein Kampf«. Zur Poetik des Nationalsozialismus*, Berlin 2016); sowie abermals Adorno: »Die Kritik der totalitären Ideologien hat nicht diese zu widerlegen, denn sie erheben den Anspruch von Autonomie und Konsistenz [...] nur ganz schattenhaft« (»Beitrag zur Ideologienlehre«, S. 466).

57 van Dyk, »Krise der Faktizität«, S. 358. Sie schließt ihre Analyse des »System Trump & Co.« mit der Einsicht, dass dieses System ein Wahrheitsspiel etabliere, »in dem autoritär bestimmt wird, welche Meinungen und Mehrheiten sich auf dem Wahrheitsmarkt auszahlen«, und das »darauf zielt, die Menschen aus den bestehenden Wahrheitsregimen zu lösen, allerdings nicht durch Reflexion, Analyse und Kritik, [...], sondern durch das Ressentiment und völkisches Einheitsdenken« (ebd.).

58 Ähnlich schreibt Adorno zum Umgang mit »totalitären Ideologien«: »Angezeigt ist es ihnen gegenüber vielmehr, zu analysieren, auf welche Dispositionen in den Menschen sie spekulieren, was sie in diesen hervorzurufen trachten« (»Beitrag zur Ideologienlehre«, S. 466). Damit zielt er auf eine Analyse der faschistischen Propaganda, wie sie z. B. Leo Löwenthal in *Prophets of Deceit* (1949) unternimmt. Entsprechend formuliert Adorno in »Aspekte des neuen Rechtsradikalis-

mus« auch angesichts der damaligen Erfolge der NDP: »Das Charakteristische für diese Bewegungen ist […] eine außerordentliche Perfektion der Mittel, nämlich in erster Linie der propagandistischen Mittel in einem weitesten Sinn, kombiniert mit Blindheit, ja Abstrusität der Zwecke, die dabei verfolgt werden. […] Die Propaganda ist […] wie einst bei den Nazis geradezu die Substanz der Sache selbst« (Adorno, *Aspekte des neuen Rechtsradikalismus*, S. 23).

59 Das vorliegende Kapitel geht auf folgende Publikation zurück: Gess, »Versuch über die Halbwahrheit«.

60 Vgl. die Unterscheidung von »real« und »fiktiv« bei Martínez und Klein (Matías Martínez, Christian Klein, »Einleitung zu *Wirklichkeitserzählungen*«, in: dies. (Hg.), *Wirklichkeitserzählungen. Felder, Formen und Funktionen nicht-literarischen Erzählens*, Stuttgart 2009, S. 1–14, hier S. 1–2). Ich verstehe hier unter »fiktiv« jedoch nicht nur »Erfundenes«, sondern auch »Modifiziertes«. Vgl. dazu auch Breithaupt: »Mannigfaltige Versionen eines Sachverhalts können erzeugt werden, schlicht weil sie linguistisch und konzeptionell möglich sind. […] [D]ie Ausrede [ist] der entscheidende Schritt in den Bereich des Fiktiven, also eines Bereiches, in dem Wirklichkeit nicht allein von den empirischen Fakten gesteuert wird. Aufgetan wird hier der Raum des Möglichen« (Fritz Breithaupt, *Kultur der Ausrede*, Berlin 2012, S. 40); sowie Strässle: »Jeder Fake ist eine Form von Fiktion oder hat zumindest Anteil am Fiktiven. […] Der Fake kann auch als eine Untergattung der Fiktion verstanden werden, als

eine spezifische Ausprägung von Fiktionalität« (Thomas Strässle, *Fake und Fiktion. Über die Erfindung von Wahrheit*, München 2019, S. 11–12).

61 Vgl. Müller: »Die Funktion der Einzelgeschichten ist immer die des ›Beweises‹ eines Narrativs, wobei in der Regel Einzelfälle generalisiert werden« (Michael Müller, »Narrative, Erzählungen und Geschichten des Populismus. Versuch einer begrifflichen Differenzierung«, in: ders., Jørn Precht (Hg.), *Narrative des Populismus*, Wiesbaden 2019, S. 1–10, hier S. 9).

62 Karl Hepfer, *Verschwörungstheorien. Eine philosophische Kritik der Unvernunft*, Bielefeld 2015, S. 57.

63 Hendricks/Vestergaard, *Postfaktisch*, S. 130.

64 Vgl. zum literaturwissenschaftlichen Begriff des Fiktionspakts oder -vertrags Eco: »Der Leser muß wissen, daß das, was ihm erzählt wird, eine ausgedachte Geschichte ist, ohne darum zu meinen, daß der Autor ihm Lügen erzählt. Wie John Searle es ausgedrückt hat, der Autor *tut einfach so, als ob* er die Wahrheit sagt, und wir akzeptieren den Fiktionsvertrag und tun so, als wäre das, was der Autor erzählt, wirklich geschehen.« (Umberto Eco, *Im Wald der Fiktionen. Sechs Streifzüge durch die Literatur. Harvard-Vorlesungen (Norton Lectures 1992–93)*, aus dem Italienischen von Burkhart Kroeber, München, Wien 1994, S. 103 [Hvh. im Original].)

65 Johann Jacob Breitinger, *Critische Dichtkunst. Faksimiledruck nach der Ausgabe von 1740*, hg. v. Paul Böckmann und Friedrich Sengle, Stuttgart 1966, S. 277–279.

66 Ebd., S. 138 f., S. 299.

67 Vgl. Monika Fludernik u. a., »Einleitung«, in: dies. (Hg.), *Faktuales und fiktionales Erzählen. Interdisziplinäre Perspektiven*, Würzburg 2015, S. 7–22; Martínez/Klein, »Einleitung zu *Wirklichkeitserzählungen*«.

68 Martínez/Klein, »Einleitung zu *Wirklichkeitserzählungen*«, S. 4 u. 5.

69 Müller, »Narrative, Erzählungen und Geschichten des Populismus«, S. 4.

70 Vgl. zur Definition auch Müller: »Ein Narrativ lässt sich [...] definieren als eine Abfolge von drei Propositionen (Ausgangszustand, Transformation, Endzustand, [bei, Anm. N. G.] Konstanz der Referenzgröße)« (»Narrative, Erzählungen und Geschichten des Populismus«, S. 3).

71 Albrecht Koschorke, *Wahrheit und Erfindung. Grundzüge einer Allgemeinen Erzähltheorie*, Frankfurt a. M. 2012, S. 30.

72 Sonja Hilzinger, *Anekdotisches Erzählen im Zeitalter der Aufklärung. Zum Struktur- und Funktionswandel der Gattung Anekdote in Historiographie, Publizistik und Literatur des 18. Jahrhunderts*, Stuttgart 1997, S. 13.

73 Hilzinger, *Anekdotisches Erzählen*, S. 12. In ihrer Monographie erkennt Hilzinger in der Geschichte der Anekdote des achtzehnten und neunzehnten Jahrhunderts jedoch einen Wechsel von der systemkritischen zur systemstabilisierenden Funktion (ebd., S. 233). Für Christian Moser hingegen ist die Anekdote immer schon durch diese doppelte Möglichkeit gekennzeichnet (»Die supplementäre Wahrheit des Anekdotischen: Kleists Prinz Friedrich von Homburg und die europäische Tradition anekdotischer Geschichtsschrei-

bung«, in: *Kleist-Jahrbuch*, hg. v. Günter Blamberger u. a., Stuttgart, Weimar 2006, S. 23–44, hier S. 25–29).

74 Hilzinger, *Anekdotisches Erzählen*, S. 15.

75 Ebd.

76 Ebd., S. 16. Daher auch die Relativierung ihres Faktizitätsanspruchs. Wie Hilzinger schreibt, muss es sich beim Gegenstand der Anekdote nicht »um eine in ihrem faktischen Gehalt nachprüfbare Wahrheit handeln« (*Anekdotisches Erzählen*, S. 232); der Wahrheitsbegriff wird vielmehr als »Positionsbezug im Sinn von Parteilichkeit« verstanden, der zugleich mit einem »Bedeutungsverlust des Merkmals ›wahr‹« einhergeht (ebd.).

77 Hilzinger, *Anekdotisches Erzählen*, S. 12.

78 Ebd.

79 Koschorke, *Wahrheit und Erfindung*, S. 36.

80 Ebd., S. 37.

81 Vgl. Fritz Breithaupt, »Staunen als Belohnung der Neugier. Wunder, Überraschung und Frage in narrativer Hinsicht«, in: Nicola Gess u. a. (Hg.), *Poetiken des Staunens. Narratologische und dichtungstheoretische Perspektiven*, Paderborn 2019, S. 37–50, hier S. 40–41; vgl. auch Breithaupt, *Kultur der Ausrede*. Frank Gadinger hält die Kategorie der Multiversionalität für besonders relevant, um die Zunahme der Ausrede »als rhetorische Technik der öffentlichen Auseinandersetzung« in populistischen Erzählstrategien zu erklären. In der Ausrede werde die Multiversionalität »zum ständigen Instrument, um die Grenze zwischen Lüge, Ausrede und Rechtfertigung zu verwischen und den Zweifel als Grundimpuls gegenüber jeglicher politischen Botschaft und deren Wahr-

heitsversprechen zu mobilisieren« (»Lügenpresse, gesunder Volkskörper, tatkräftiger Macher: Erzählformen des Populismus«, in: Michael Müller, Jørn Precht [Hg.], *Narrative des Populismus*, Wiesbaden 2019, S. 115–146, hier S. 124 f.).

82 Tim Hill, »Bernhard Langer: Trump Apologized to Me over Voter Fraud Story«, in: *The Guardian*, 09.02.2017, {www.theguardian.com/sport/2017/feb/09/bernhard-langer-donald-trump-golf-voter-fraud}, letzter Zugriff 17.06.2020: »Ich habe nichts zum Präsidenten gesagt. Wir haben uns nie unterhalten. Ich habe die Geschichte einem Freund erzählt, der hat sie einem anderen Freund erzählt und noch einem Freund und noch einem Freund. Und irgendwo auf dem Weg sechs Leute später kannte jemand jemanden, der im Weißen Haus arbeitet, und so ist es gelaufen […]. Dann liest du die Geschichte und es ist nicht so, das ist ein Fakt, es ist mehr wie, oh, ich habe das von dem und dem gehört, und ich habe eine Quelle, die mir das erzählt hat, und ich habe einen Freund, der mir das erzählt hat« (Übersetzung: Nicola Gess).

83 David Weigel, »Body Doubles, Secret Doctors: Clinton Conspiracy Theories Blossom After Pneumonia Diagnosis«, in: *The Washington Post*, 12.09.2016, {www.washingtonpost.com/news/post-politics/wp/2016/09/12/body-doubles-secret-doctors-clinton-conspiracy-theories-blossom-after-pneumonia-diagnosis/?noredirect=on&utm_term=.4a5801c728e0}, letzter Zugriff 17.06.2020.

84 Michael Butter, »*Nichts ist, wie es scheint*«. *Über Verschwörungstheorien*, Berlin 2018, S. 208.

85 Hans-Joachim Neubauer, *Fama. Eine Geschichte des Gerüchts*, Berlin 2009, S. 138.

86 Martínez/Klein, »Einleitung zu *Wirklichkeitserzählungen*«, S. 3.

87 Eine wichtige Rolle spielt hier auch das »Modalitätsmanagement«, also der auktoriale Umgang mit dem (faktualen oder fiktionalen) Modus des Textes. So zeigt Thomas Kater am Beispiel von Postings Höckes, dass sein Management auf Undurchsichtigkeit zielt: »Das Modalitätsmanagement wird hier so gestaltet, dass immer undurchsichtiger wird, was nun ernst oder scherzhaft gemeint ist, was als Fakt oder Satire dargestellt wird« (»Von Fakes, ›fun facts‹ und anderen Alternativen«, in: Anya Heise-von der Lippe, Russell West-Pavlov (Hg.), *Literaturwissenschaften in der Krise. Zur Rolle und Relevanz literarischer Praktiken in globalen Krisenzeiten*, Tübingen 2018, S. 75–89, hier S. 83) – das aber sei »fatal« für den »politischen Diskurs« bzw. die »politische Öffentlichkeit«, die davon lebe, »dass in ihr ernsthafte, wahrhaftige Anliegen verhandelt werden« (ebd., S. 85).

88 FactCheck, »Pre-Debate FactCheck: Donald Trump and Hearsay«, *Youtube*, 20.09.2016, {www.youtube.com/watch?v=vjhhToB-sFA}, letzter Zugriff 17.06.2020. Siehe zu diesem Prinzip auch: Russel Muirhead, Nancy L. Rosenblum, *A Lot of People Are Saying. The New Conspiratism and the Assault on Democracy*, Princeton, Oxford 2019.

89 Ohne Autor, »Transcript: Donald Trump at the G.O.P. Convention«, *The New York Times*, 22.07.2016, {www.nytimes.com/2016/07/22/us/politics/

trump-transcript-rnc-address.html}, letzter Zugriff 17.06.2020.

90 Katrin Woitsch, »Hetze im Internet wegen Kontoauszug von Flüchtlingen«, in: *OVB online*, 30.08.2017, {www.ovb-online.de/weltspiegel/bayern/hetze-internet-wegen-kontoauszug-fluechtling-8638568.html}, letzter Zugriff 17.06.2020; Theresa Locker, »›1800 netto für Merkels Gäste‹: Neonazis hetzen mit Altpapier gegen siebenköpfige Familie«, in: *Motherboard*, 04.09.2017, {motherboard.vice.com/de/article/8xxjgb/1800-netto-fur-merkels-gaste-neonazis-hetzen-mit-altpapier-gegen-siebenkopfige-familie}, letzter Zugriff 17.06.2020.

91 Zum Zusammenhang von »postfaktisch« und »antidemokratisch« siehe noch einmal meine unter Rückgriff auf Arendt und Adorno ausgeführten Überlegungen zu Beginn der »Einleitung« und am Ende des Kapitels »Halbwahrheit und Ideologiekritik«.

92 Hannah Arendt, »Die Lüge in der Politik. Überlegungen zu den Pentagon-Papieren (1971)«, in: dies., *Wahrheit und Lüge in der Politik. Zwei Essays*, München 2013, S. 7–43, hier S. 8. Vgl. dazu auch Gadinger: »So lügt Trump durchschnittlich fünfmal pro Tag, während Obama zweimal im Jahr in der Öffentlichkeit log. Gleichzeitig ließ sich Obama korrigieren; Trump tut dies nicht, sondern greift diejenigen an, ›die ihm die Wahrheit sagen‹« (»Lügenpresse«, S. 125). Gadinger zitiert hier aus: Max Paul Friedmann, »Lügen als politische Strategie. Trump lügt durchschnittlich fünfmal am Tag«, in: *Deutschlandfunk Kultur*, 03.01.2018, {www.deutschlandfunkkultur.de/

luegen-als-politische-strategie-trump-luegt.1005.de.html?dram:article_id=407340}, letzter Zugriff 30.06.2020.

93 Harry G. Frankfurt, *Bullshit*, Frankfurt a. M. 2006, S. 68.

94 Thomas Hüetlin, »Brexit-Antreiber Johnson. Das Rumdrucksen des Tricksers«, in: *Der Spiegel*, 28.06.2016, {www.spiegel.de/politik/ausland/brexit-boris-johnson-wird-meist-gehasster-mann-englands-a-1100062.html}, letzter Zugriff 19.11.2020; Harald Staun, »Brexit-Wortführer Boris Johnson. Der Mann, der nie an seine Sätze glaubt», in: *FAZ.NET*, 03.07.2016, {www.faz.net/aktuell/feuilleton/debatten/boris-johnsons-zeit-als-korrespondent-in-bruessel-14319181-p2.html}, letzter Zugriff 19.11.2020. Vgl. auch: Jennifer Rankin, Jim Waterson, »The Real Boris Johnson. How Boris Johnson's Brussels-bashing stories shaped British politics«, in: *The Guardian*, 14.07.2019, {www.theguardian.com/politics/2019/jul/14/boris-johnson-brussels-bashing-stories-shaped-politics}, letzter Zugriff 19.11.2020.

95 Erich Wulffen, *Die Psychologie des Hochstaplers*, Leipzig 1923, S. 24.

96 Peter Sloterdijk, *Kritik der zynischen Vernunft*, 2 Bde., Frankfurt a. M. 1983, hier Bd. 2, S. 850.

97 Robert Suter, »Bluff und Autosuggestion. Wege zum Erfolg in der Weimarer Republik (Walter Benjamin, Johannes Baader, Emile Coué, Walter Serner)«, in: Ulrich Johannes Beil u. a. (Hg.), *Aura und Auratisierung. Mediologische Perspektiven im Anschluss an Walter Benjamin*, Zürich 2014, S. 325–348, hier S. 327.

98 Gustav Ichheiser, *Kritik des Erfolges. Eine soziologische Untersuchung*, Leipzig 1930, S. 13 u. 12. Auch zitiert bei Suter, »Bluff und Autosuggestion«, S. 328–329.

99 Ichheiser, *Kritik des Erfolges*, S. 20–21 [Hvh. im Original].

100 Fritz Theodor Gallert, *Erfolg-Methode*, Dresden 1919, S. 6 (zit. nach Suter, »Bluff und Autosuggestion«, S. 325); Emil Coué, *Die Selbstbemeisterung durch bewußte Autosuggestion*, Basel 1922.

101 Vgl. Walter Benjamin, »Der Weg zum Erfolg in dreizehn Thesen«, in: ders., *Gesammelte Schriften*, Bd. IV.1, hg. v. Tillman Rexroth, Frankfurt a. M. 1972, S. 349–352, hier S. 351–352.

102 Ebd., S. 352.

103 Dies häufig mit Bezug auf die Reportage, die auch die Aufklärungskommission in ihrem Abschlussbericht zum Relotius-Fall als eine »anfällige Stilform« ausmacht (Brigitte Fehrle u. a., »Der Fall Relotius. Abschlussbericht der Aufklärungskommission«, in: *Spiegel*, 25.05.2019, S. 130–146, hier S. 137). Vgl. zu einer Kritik sowohl an der Unschärfe der Begriffe »Reportage« und »Literatur« im Kommissionsbericht als auch an der mangelnden Aufmerksamkeit des Berichts für andere und im *Spiegel* viel häufiger verwendete Textgattungen: Thomas Hecken, »Das Missverständnis des ›Spiegel‹. Nicht nur zum ›Fälschungsskandal‹«, in: *POP. Kultur und Kritik* 15 (2019), S. 103–109. Vgl. außerdem Marx, die in ihrem Aufsatz zur Reportage als »Gebrauchsgattung zwischen Literatur und Journalismus« den Kommissionsbericht für seinen »positivistischen« (S. 8) Lösungsansatz kritisiert, dem

sie die Forderung nach einer Transparenz politischer Positionierung und einer kritischen Rezeptionshaltung entgegenstellt (S. 11) (Stephanie Marx, »Die Reportage. Gebrauchsgattung zwischen Literatur und Journalismus«, in: *undercurrents – Forum für linke Literaturwissenschaft* (2020), S. 1–13).

104 Susanne Gaschke, »Wir schreiben einfach wundervoll: Der Fall Relotius und die Medien«, in: *Neue Zürcher Zeitung*, 20.12.2018, {www.nzz.ch/feuilleton/der-fall-relotius-und-die-medien-wir-schreiben-einfach-wundervoll-ld.1453300#back-register}, letzter Zugriff 19.11.2020. Vgl. auch: Holger Stark, »Claas Relotius. Ein Fall für die Lehrbücher«, in: *Zeit Online*, 21.12.2018, {www.zeit.de/gesellschaft/zeitgeschehen/2018-12/claas-relotius-faelschung-journalismus-spiegel-betrug/komplettansicht}, letzter Zugriff 19.11.2020; Ohne Autor, »Hochstapler Relotius verklagt Aufdecker Moreno«, in: *Zapp, das Medienmagazin*, 30.10.2019, {www.ndr.de/fernsehen/sendungen/zapp/Hochstapler-Relotius-verklagt-Aufdecker-Moreno,zapp12068.html}, letzter Zugriff 19.11.2020.

105 Vgl. die umfangreiche Nachrecherche der Artikel in: *Der Spiegel*, »Der Fall Relotius. Die Original-Texte und die Ergebnisse der Überprüfung«, 2019, {www.spiegel.de/media/a3a46a28-7ac2-480e-b3a8-97366f1f4c1e/CR-Dokumentation.pdf}, letzter Zugriff 17.06.2020.

106 So z. B. im Kontext des »Königskinder«-Artikels, auf den unten noch näher eingegangen wird (vgl. *Der Spiegel*, »Der Fall Relotius«, S. 132–134).

107 Fehrle u. a., »Der Fall Relotius«.

108 Vgl. ebd.; *Der Spiegel*, »Der Fall Relotius«.

109 *Der Spiegel*, »Der Fall Relotius«, S. 23.

110 Vgl. ebd., S. 132. Zu diesem Artikel vgl. auch die differenzierte narratologische Analyse von Björninen, die zu einem Zeitpunkt erfolgte, als noch nicht klar war, ob es sich bei dem Artikel um eine Fälschung handelt. Björninen arbeitet heraus, dass Relotius selbst bei den Teilen, die sich wie eine »invention« lesen, innerhalb der Genrekonventionen des *features* bleibt und somit Faktualität produziert (»as something that is produced in textual performances«, Samuli Björninen, »The Rhetoric of Factuality in Narrative. Appeals to Authority in Claas Relotius's Feature Journalism«, in: *Narrative Inquiry* 29/2 (2019), S. 352–370, hier S. 367), auch wenn das Erzählte nicht – und hierin besteht dann die Fälschung – der Realität entspricht, »where events either take place or they don't« (ebd.).

111 *Der Spiegel*, »Der Fall Relotius«, S. 132.

112 Ebd., S. 131. Ebenso wenig die Existenz des Liedes über die zwei Königskinder, das Relotius das Mädchen zu Beginn singen lässt. Goetz-Votteler/Hespers weisen darauf hin, dass mit diesem Lied »ein bestimmtes Narrativ für den Artikel aufgespannt und als Interpretationsrahmen etabliert« wird (»das Narrativ vom märchenhaften Aufstieg aus der Armut«), in dem sich der »Artikel verortet« (Katrin Götz-Votteler, Simone Hespers, »Sprache und die Erfassung von Wirklichkeit«, in: dies., *Alternative Wirklichkeiten? Wie Fake News und Verschwörungstheorien funktionieren und warum sie Aktualität haben*, Bielefeld 2019, S. 107–132, hier S. 113) und dem

Relotius' Paratexte (in denen er persönlich die Kinder rettet) Rechnung tragen.

113 *Der Spiegel*, »Der Fall Relotius«, S. 131.

114 Ebd., S. 133–134.

115 Thomas Sprecher, *Literatur und Verbrechen. Kunst und Kriminalität in der europäischen Erzählprosa um 1900*, Frankfurt a. M. 2015, S. 304.

116 Ignatz Straßnoff, *Ich, der Hochstapler Ignatz Straßnoff*, Berlin 1926, S. 39.

117 Ebd., S. 89.

118 Vgl. dazu u. a.: Björninen, »The Rhetoric of Factuality in Narrative«, S. 363. Dazu gehört nicht nur »the generic assumption about feature reporting«, dass »the global frame is one of authoritative factuality«, sondern auch gewisse Freiheiten der »invention«, die die Reportage dem Reporter lässt: »there are many conventional freedoms a feature journalist can take« (ebd., S. 365). Trotzdem muss auch die Reportage am Ende der Frage standhalten, ob die Ereignisse in der realen Welt stattgefunden haben oder nicht: »Factuality is rhetorical, reality is not« (ebd., S. 367).

119 Juan Moreno, *Tausend Zeilen Lüge. Das System Relotius und der deutsche Journalismus*, Berlin 2019, S. 275 f. Morenos Buch ist nicht unumstritten; im Herbst 2019 wurde bekannt, dass Relotius mithilfe seines Anwalts gegen das Buch Morenos vorgehen möchte, dem er Falschbehauptungen vorwirft.

120 Ebd., S. 279.

121 Benjamin, »Der Weg zum Erfolg«, S. 352. Vgl. auch die Inhaltsanalyse der allgemeinen Berichterstattung über den Relotius-Fall, die Kat-

zenberger/von der Wense (2020) vornehmen. Im Vordergrund stünden dabei: »Die Vortäuschung von Authentizität, die Herstellung von Erwartbarkeit beziehungsweise die Antizipation von Erwartungshaltungen und die Reduktion von Komplexität zum Zwecke einer Ästhetisierung der Realität« (Vera Katzenberger, Ina von der Wense, »Zwischen Fakten und Fiktion: Framing in der Berichterstattung über Claas Relotius' Fälschungen«, in: Astrid Schütz u. a. (Hg.), *Kolloquium Forschende Frauen 2019, Beiträge Bamberger Nachwuchswissenschaftlerinnen*, Bamberg 2020, S. 133–149, hier S. 146).

122 Walter Serner, *Letzte Lockerung. Ein Handbrevier für Hochstapler und solche, die es werden wollen*, hg. v. Andreas Puff-Trojan, Zürich 2007, S. 44, 160 u. 111.

123 Ebd., S. 63–64 u. 17–18.

124 Ebd., S. 111.

125 Ebd., S. 168.

126 Ebd., S. 104, 106, 201 u. 168.

127 Vgl. die entsprechende Einschätzung von Moreno, *Tausend Zeilen Lüge*, S. 273, der im letzten Kapitel seines Buches (S. 271–285) zudem nahelegt, den »Fall Relotius« als Symptom eines in die Krise geratenen Journalismus zu lesen.

128 Vgl. noch einmal den Kommissionsbericht (Fehrle u. a., »Der Fall Relotius«), der zeigt, dass der *Spiegel* frühzeitigen Hinweisen nicht nachging und auch auf Morenos Hartnäckigkeit eher widerwillig reagierte; und der auch kritisch journalistische Lehrbücher kommentiert, die dem Fiktiven, zumal in der Reportage, einen sehr großen Spielraum einräumen.

129 Nils Metzger, »Video über Corona-Maßnahmen. Warum Sie Ken Jebsen nicht vertrauen sollten«, *ZDF*, 08.05.2020, {www.zdf.de/nachrichten/panorama/coronavirus-kenfm-jebsen-faktencheck-100.html}, letzter Zugriff 17.06.2020.

130 Wie z. B. »Marianne C.«, siehe Julius Betschka, Maria Fiedler, »Wenn Normalos mit Extremisten demonstrieren. Was sie eint, ist Misstrauen gegen den Staat«, in: *Der Tagesspiegel*, 17.05.2020, {www.tagesspiegel.de/themen/reportage/wenn-normalos-mit-extremisten-demonstrieren-was-sie-eint-ist-misstrauen-gegen-den-staat/25838126.html}, letzter Zugriff 17.06.2020. Jebsen nahm auch selbst prominent an den Demonstrationen teil, so z. B. an den sogenannten »Ignorance Meditations« auf dem Berliner Rosa-Luxemburg-Platz, und er sprach auch am 9. Mai 2020 als einer der Hauptredner auf der Stuttgarter Demonstration.

131 Butter, *»Nichts ist, wie es scheint«*, S. 17.

132 Vgl. zum Umgang mit der Corona-Pandemie z. B.: Jonas Rees u. a., *Erste Ergebnisse einer Online-Umfrage zur gesellschaftlichen Wahrnehmung des Umgangs mit der Corona-Pandemie in Deutschland*, Bielefeld 2020, S. 1–22, hier S. 3; Orkan Okan u. a., *Gesundheitskompetenz der Bevölkerung im Umgang mit der Coronavirus-Pandemie. Studie im Auftrag des Interdisziplinären Zentrums für Gesundheitskompetenzforschung der Universität Bielefeld und der Hertie School of Governance, durchgeführt vom Institut für Demoskopie Allensbach*, Bielefeld 2020, S. 3.

133 Hintergrund- sowie weiterführende Informationen zur Verschwörungstheorie des »Großen

Austauschs«: Eirikur Bergmann, »The Eurabia Doctrine«, in: ders., *Conspiracy & Populism. The Politics of Misinformation*, Cham 2018, S. 123–149, dort insbesondere S. 127 f.; zur Verschwörungstheorie der »Neuen Weltordnung«: ders., »New World Order«, in: ders., *Conspiracy & Populism*, S. 22–23, sowie die beiden Kapitel zu »New World Order Conspiracies I & II« in: Michael Barkun, *A Culture of Conspiracy. Apocalyptic Visions in Contemporary America*, 2. Aufl., Berkeley 2013, S. 39–79; zu verschiedenen Impf-Verschwörungstheorien: Eirikur Bergmann, »Deceptions, Disasters, Diseases and Medicine«, in: ders., *Conspiracy & Populism*, S. 35–37, und Katharina Nocun, Pia Lamberty, »Impfgegner, Krebsmythen und die Aids-Verschwörung – Verschwörungsdenken im Gesundheitsbereich«, in: dies., *Fake Facts. Wie Verschwörungstheorien unser Denken bestimmen*, Köln 2020, S. 179–200.

134 Vgl. zu diesen Elementen: Butter, *»Nichts ist, wie es scheint«*, S. 22–29.

135 Ken Jebsen, »Gates kapert Deutschland!«, *Ken FM*, 03.05.2020, {www.youtube.com/watch?v=DxzMpNoZOL0}, letzter Zugriff 17.06.2020. Der KenFM Kanal auf Youtube wurde im November 2020 gesperrt.

136 Brennen u. a., »Types, Sources, and Claims of COVID-19 Misinformation«, S. 4 (Übersetzung: Nicola Gess).

137 Brennen u. a., »Types, Sources, and Claims of COVID-19 Misinformation«, S. 4.

138 Jebsen, »Gates kapert Deutschland!«, 00:03–00:19.

139 Jebsen, »Gates kapert Deutschland!«, 00:20–00:26.

140 Rundfunk Berlin-Brandenburg, »Stefan Warbeck gibt Programmverantwortung für rbb-Jugendprogramm ›Fritz‹ ab – rbb trennt sich von Moderator Ken Jebsen«, 23.11.2011, {www.rbb-online.de/unternehmen/der_rbb/teaser_2011/stefan_warbeck_gibt.html}, letzter Zugriff 28.06.2020.

141 Jebsen, »Gates kapert Deutschland!«, 02:35–02:37; 03:03–03:15; 05:21–05:24.

142 Jonas Mueller-Töwe, »Corona-Video im Faktencheck. Das ist dran an Ken Jebsens großer Gates-Verschwörung«, in: *t-online.de*, 16.05.2020, {www.t-online.de/nachrichten/panorama/id_87836534/faktencheck-zu-ken-jebsens-corona-verschwoerungs-theorien-um-bill-gates.html}, letzter Zugriff 17.06.2020; Till Eckert, Alice Echtermann, »Große Verschwörung zum Coronavirus? Wie Ken Jebsen mit irreführenden Behauptungen Stimmung macht«, in: *CORRECTIV – Recherchen für die Gesellschaft*, 08.05.2020, {correctiv.org/faktencheck/2020/05/08/grosse-verschwoerung-zum-coronavirus-wie-ken-jebsen-mit-falschen-behauptungen-stimmung-macht/}, letzter Zugriff 17.06.2020; Metzger, »Video über Corona-Maßnahmen«; Kira Urschinger, »Faktencheck: KenFM-Video ›Gates kapert Deutschland!‹«, in: *SWR3 Faktencheck: Fake News*, 21.05.2020, {www.swr3.de/aktuell/fake-news-check/faktencheck-ken-jebsen-kenfm-bill-gates-corona-100.html}, letzter Zugriff 17.06.2020.

143 Mueller-Töwe, »Corona-Video im Faktencheck«; Natalia Frumkina, »Wer finanziert die WHO?«,

in: *ARD-Faktenfinder*, 23.04.2020, {www.tagesschau.de/faktenfinder/who-finanzierung-101.html}, letzter Zugriff 17.06.2020.

144 World Health Organization, »Contributors«, {open.who.int/2018-19/contributors/contributor}, letzter Zugriff 17.06.2020.

145 Ohne Autor, »Projekt Globale Gesellschaft. Fragen und Antworten zur Förderung durch die Gates-Stiftung«, in: *SPIEGEL Backstage*, 14.05.2020, {www.spiegel.de/backstage/fragen-und-antworten-zur-foerderung-durch-die-bill-and-melinda-gates-stiftung-a-dac661f6-210a-4616-b2d2-88917210fed4}, letzter Zugriff 17.06.2020.

146 Ohne Autor, »Projekt Globale Gesellschaft. Fragen und Antworten zur Förderung durch die Gates-Stiftung«.

147 Jebsen, »Gates kapert Deutschland!«, 05:54–05:58; 19:41–20:01.

148 Reuters, »False Claim: Bill Gates Planning to Use Microchip Implants to Fight Coronavirus«, 31.03.2020, {www.reuters.com/article/uk-fact-check-coronavirus-bill-gates-micr/false-claim-bill-gates-planning-to-use-microchip-implants-to-fight-coronavirus-idUSKBN21I3EC}, letzter Zugriff 17.06.2020.

149 Übersetzung: Nicola Gess. Im Original: »Eventually we will have some digital certificates to show who has recovered or been tested recently or when we have a vaccine who has received it.« (Bill Gates, »A Coronavirus AMA. 31 questions and answers about COVID-19«, in: *GatesNotes. The Blog of Bill Gates*, 19.03.2020, {www.gatesnotes.com/Health/A-coronavirus-AMA}, letzter Zugriff 19.11.2020.)

150 Übersetzung: Nicola Gess. Im Original: »human-implantable capsules that have ›digital certificates‹ which can show who has been tested for the coronavirus«. (Ohne Autor, »Bill Gates will use microchip implants to fight coronavirus«, in: *biohackinfo.com*, 19.03.2020, {biohackinfo.com/news-bill-gates-id2020-vaccine-implant-covid-19-digitalcertificates/?fbclid=IwAR28OKNVYJ1fEXnjHdCBwvEc5GqLuv3ocqLjX8MDHSp_n_oLy7OdgwiKE5U}, letzter Zugriff 30.06.2020.)

151 Jebsen, »Gates kapert Deutschland!«, 10:53–11:07; 27:15–27:35.

152 Andre Wolf, »Geheimaktion WHO und Unicef: Frauen sterilisieren? Faktencheck!«, in: *mimikama – Verein zur Aufklärung über Internetmissbrauch*, 13.04.2020, {www.mimikama.at/allgemein/geheimaktion/}, letzter Zugriff 17.06.2020; sowie auch: David Mikkelson, »Is Tetanus Vaccine Spiked with Sterilization Chemicals?«, in: *Snopes*, 10.11.2014, {www.snopes.com/fact-check/tetanus-vaccine-sterilization/}, letzter Zugriff 19.11.2020.

153 Jebsen, »Gates kapert Deutschland!«, 08:27–08:47.

154 Ohne Autor, »Grippeimpfung: Wie Pandemrix eine Narkolepsie auslöst«, in: *Deutsches Ärzteblatt*, 02.07.2015, {www.aerzteblatt.de/nachrichten/63356/Grippeimpfung-Wie-Pandemrix-eine-Narkolepsie-ausloest}, letzter Zugriff 17.06.2020; Ohne Autor, »Narkolepsie: Molekulare Mimikry erklärt Komplikation von Grippe und Impfung«, in: *Deutsches Ärzteblatt*, 19.12.2013, {www.aerzteblatt.de/nachrich-

ten/57016/Narkolepsie-Molekulare-Mimikry-erklaert-Komplikation-von-Grippe-und-Impfung?s=Science+Translational+Medicine}, letzter Zugriff 17.06.2020.

155 Jebsen, »Gates kapert Deutschland!«, 21:33–22:29.

156 Adorno, »Beitrag zur Ideologienlehre«, S. 466 (s. a. oben Anm. 56).

157 Jebsen, »Gates kapert Deutschland!«, 18:33–18:36; 22:47–22:49.

158 Jebsen, »Gates kapert Deutschland!«, 27:49–27:55; 24:03–24:39; 23:48–23:50.

159 Jebsen, »Gates kapert Deutschland!«, 23:21–24:41.

160 Ken Jebsen, »Gesicht zeigen!«, *KenFM*, 11.05. 2020, {www.youtube.com/watch?v=j73pXNklhFc}, letzter Zugriff 17.06.2020.

161 Jebsen, »Gesicht zeigen!«, 02:33–02:41.

162 Todd Phillips, *Joker*, USA 2019, 01:43:35–01:43:52 (von DVD *Joker*, Hamburg 2020). Deutsch: »Was bekommt man, wenn man einen psychisch kranken Einzelgänger und eine Gesellschaft kreuzt, die ihn im Stich lässt und wie den letzten Dreck behandelt?! […] Man bekommt, was man verdammt noch mal verdient!« (Übersetzung: Nicola Gess).

163 Jebsen, »Gesicht zeigen!«, 44:44–44:46; 44:27–44:33; 44:46–44:52.

164 Butter, *»Nichts ist, wie es scheint«*, S. 170–178.

165 Luc Boltanksi, *Rätsel und Komplotte. Kriminalliteratur, Paranoia, moderne Gesellschaft*, Berlin 2015; Bruno Latour, *Elend der Kritik. Vom Krieg um Fakten zu Dingen von Belang*, Zürich 2007. Vgl. zu dieser Frage auch den folgenden Artikel,

der auf Überlegungen aus diesem Kapitel zurückgreift: Carolin Amlinger, Nicola Gess: »reality check. Wie die Corona-Krise kritische und weniger kritische Theorien auf den Prüfstand stellt«, in: *Geschichte der Gegenwart*, 01.07.2020, {geschichtedergegenwart.ch/reality-check-wie-die-corona-krise-kritische-und-weniger-kritische-theorien-auf-den-pruefstand-stellt/}, letzter Zugriff 04.07.2020.

166 Giorgio Agamben, »Die Erfindung einer Epidemie«, in: *Rubikon*, 21.03.2020, {www.rubikon.news/artikel/die-erfindung-einer-epidemie}, letzter Zugriff 17.06.2020.

167 Frederic Jameson, *Postmodernism, or, The Cultural Logic of Late Capital*, Durham 1991, S. 38, zit. nach Timothy Melley, *Empire of Conspiracy. The Culture of Paranoia in Postwar America*, Ithaca 2000, S. 9. Deutsche Übersetzung der Zitate aus Melleys Text hier und unten: Nicola Gess.

168 Melley, *Empire of Conspiracy*, S. 9.

169 Ebd., S. 10.

170 Ebd., S. 25 u. 11.

171 Vgl. dazu unter Bezug auf Melley auch Butter, *»Nichts ist, wie es scheint«*, S. 107–108.

172 Melley, *Empire of Conspiracy*, S. 14: »Die Panik vor dem Verlust von Handlungsmacht offenbart somit, wie soziale Kommunikation individuelle Identität und Handlungsmacht einschränkt, aber sie verleugnet diese Einsicht zugleich auch. Sie beginnt mit radikalen Einsichten, ist jedoch eine grundsätzlich konservative Antwort darauf – ›konservativ‹ in dem Sinne, dass sie trotz der offensichtlichen Herausforderungen, die

Nachkriegstechnologien der Kommunikation und der sozialen Organisation für dieses Modell darstellen, ein traditionelles Modell des Selbst bewahrt.«

173 Melley, *Empire of Conspiracy*, S. 15–16. In diesem Sinne sind moderne Verschwörungstheorien nicht mehr auf der »wissenschaftlichen Höhe ihrer Zeit«, die Menschen als »Subjekte im Sinne der modernen Sozial- und Kulturwissenschaften [begreift], welche die materiellen und ideologischen Zwänge betonen, denen Menschen ›unterworfen‹ sind und die ihre Subjektivität erst produzieren« (Butter, *»Nichts ist, wie es scheint«*, S. 108).

174 Noch 2015 schrieb Sabrina Wagner (»Der Blick von oben: Uwe Tellkamp. Der Schriftsteller als Bildungsbürger und Schöpfer«, in: dies., *Aufklärer der Gegenwart. Politische Autorschaft zu Beginn des 21. Jahrhunderts – Juli Zeh, Ilija Trojanow, Uwe Tellkamp*, Göttingen 2015, S. 209–276): »kaum vorstellbar, Tellkamp als einen Kommentator der Tagespolitik […] oder gar als Wortführer schriftstellerischer Protestaktionen zu erleben. Zudem verneint Uwe Tellkamp selbst […] ein politischer Autor zu sein« (S. 209).

175 Der Text der »Charta 2017« sowie die Liste der Erstunterzeichnenden finden sich hier: Susanne Dagen, »Charta 2017«, 16.10.2017, {www.kulturhaus-loschwitz.de/charta-2017.html}, letzter Zugriff 17.06.2020.

176 Der Text des Gegenaufrufs sowie die Liste der Erstunterzeichnenden finden sich hier: Kunsthaus Dresden, »Aufruf«, {kunsthausdresden.de/

veranstaltungen/aufruf/}, letzter Zugriff 17.06.2020.

177 Kunsthaus Dresden, »Aufruf«.

178 Ebd.

179 Ein Video der Diskussionsveranstaltung wurde von der Landeshauptstadt Dresden auf YouTube veröffentlicht. Das Statement Tellkamps findet sich in: Kulturhauptstadtbüro Dresden 2025, »Streitbar! Wie frei sind wir mit unseren Meinungen?«, *Landeshauptstadt Dresden*, 01.10.2018, {www.youtube.com/watch?v=xlFUi0Zbr-g}, letzter Zugriff 17.06.2020, 21:33–28:00.

180 Kulturhauptstadtbüro Dresden 2025, »Streitbar! Wie frei sind wir mit unseren Meinungen?«, 00:23:08–00:23:19.

181 Presseclub, »Trump im Amt – Können wir uns auf Amerika noch verlassen?«, *Phoenix*, 22.01.2017, {www.youtube.com/watch?v=q2G_vdMkNu8&list=PL6B3FCDFE971139C8&index=56&t=0s}, letzter Zugriff 17.06.2020, 45:07–46:27.

182 Z. B. in den PI-News vom 23.01.2017: »Im ARD-Presseclub am 22.1.2017 zeigte sich einmal mehr, wie enthemmt unsere sogenannten Qualitätsjournalisten schon sind. Vom Votum der Amerikaner für Donald Trump immer noch sichtlich angewidert und wohl geradezu empört, dass in den USA kaum jemand auf die linke deutsche Journaille hört, ließ *Zeit*-Schreiberling Josef Joffe die letzten Schranken der Zurückhaltung fallen und regte einen ›Mord im Weißen Haus‹ als ›Ausweg aus der Trump-Katastrophe‹ an. […] Wo bleibt der Aufschrei aller sonst so Empörten? Wo die Forderung nach Entlassung des

Journalisten? Wer hat Anzeige wegen Volksverhetzung erstattet? Bisher ist uns nichts dergleichen bekannt, nur ohrenbetäubendes Schweigen kann man ausmachen. Sicher, es war bestimmt nur Spaß und sollte wohl lustig sein, zumindest im Studio fanden das offenbar alle. Aber was wäre wohl jetzt los, hätte ein AfD-Politiker als ›Ausweg für die Merkel-Katastrophe‹ ebenso spaßeshalber zum Beispiel Hexenverbrennung angeregt? Ja, wir können uns alle vorstellen, was da los wäre« (Ohne Autor, »Joffe (ZEIT) ruft zum Mord im Weißen Haus auf«, in: *pi-news.net*, 23.01.2017, {www.pi-news.net/2017/01/joffe-zeit-ruft-zum-mord-im-weissen-haus-auf/}, letzter Zugriff 17.06.2020).

183 Kulturhauptstadtbüro Dresden 2025, »Streitbar! Wie frei sind wir mit unseren Meinungen?«, 00:21:40–00:21:54.

184 Kulturhauptstadtbüro Dresden 2025, »Streitbar! Wie frei sind wir mit unseren Meinungen?«, 00:21:55–00:21:58.

185 Dies geschah in Form eines Tweets (@suhrkamp *Twitter*, 09.03.2018, {twitter.com/suhrkamp/status/972035792003616769}, letzter Zugriff 19.11.2020), der z. B. hier zitiert wird: Ohne Autor: »Rechte Äußerungen. Suhrkamp distanziert sich von Autor Uwe Tellkamp«, in: *Der Spiegel*, 09.03.2018, {www.spiegel.de/kultur/literatur/uwe-tellkamp-suhrkamp-distanziert-sich-von-autor-a-1197266.html}, letzter Zugriff 19.11.2020.

186 Vera Lengsfeld, »Lieber Suhrkamp-Verlag«, 10.03.2018, {vera-lengsfeld.de/tag/karin-grossmann/}, letzter Zugriff 17.06.2020.

187 Ohne Autor, »Konzept«, in: *Sezession*, {sezession.de/konzept}, letzter Zugriff 17.06.2020.

188 Uwe Tellkamp, »Der Moralismus der ›Vielen‹ – Ein Offener Brief von Uwe Tellkamp«, in: *Sezession* 87 (2018), S. 27–31.

189 Tellkamp, »Der Moralismus der Vielen«, {sezession.de/59871/der-moralismus-der-vielen-ein-offener-brief-von-uwe-tellkamp}, letzter Zugriff 17.06.2020.

190 Vgl. Tellkamp: »Der Moralismus der Vielen«, S. 27.

191 Ohne Autor, »Konzept«.

192 Tellkamp, »Der Moralismus der Vielen«, S. 29.

193 Ebd., S. 27.

194 Ebd., S. 27, 31.

195 Ebd., S. 27.

196 Ebd., S. 31.

197 Ebd., S. 28.

198 Ebd., S. 31.

199 Ebd., S. 30–31.

200 Alle Kommentare unter: Tellkamp, »Der Moralismus der Vielen«, {sezession.de/59871/der-moralismus-der-vielen-ein-offener-brief-von-uwe-tellkamp}, letzter Zugriff 17.06.2020.

201 Tellkamp, »Der Moralismus der Vielen«, {sezession.de/59871/der-moralismus-der-vielen-ein-offener-brief-von-uwe-tellkamp}, Kommentar 13.11.2018, 12:15 Uhr.

202 Tellkamp, »Der Moralismus der Vielen«, {sezession.de/59871/der-moralismus-der-vielen-ein-offener-brief-von-uwe-tellkamp}, Kommentar 13.11.2018, 15:34 Uhr.

203 Tellkamp, »Der Moralismus der Vielen«, {sezession.de/59871/der-moralismus-der-vielen-ein-offener-brief-von-uwe-tellkamp}, Kommentare

13.11.2018, 20:07 Uhr; 14.11.2018, 19:56 Uhr; 14.11.2018, 21:05 Uhr; 15.11.2018, 09:28 Uhr.

204 Tellkamp, »Der Moralismus der Vielen«, {sezession.de/59871/der-moralismus-der-vielen-ein-offener-brief-von-uwe-tellkamp}, Kommentare 13.11.2018, 15:34 Uhr; 13.11.2018, 23:10 Uhr; 14.11.2018, 01:30 Uhr.

205 Anna-Sophie Heinze, »Streit um demokratischen Konsens – Herausforderungen und Grenzen beim parlamentarischen Umgang mit der AfD«, in: Cathleen Bochmann, Helge Döring (Hg.), *Gesellschaftlichen Zusammenhalt gestalten*. Wiesbaden 2020, S. 121–135, hier S. 128–131. Zur Beobachtung des »Flügel« der AfD durch den Verfassungsschutz (u. a. wegen »Verstößen gegen das Demokratieprinzip«) vgl. Bundesamt für Verfassungsschutz, »Fachinformation zu Teilorganisationen der Partei ›Alternative für Deutschland‹ (AfD)«, *Bundesamt für Verfassungsschutz*, 12.03.2020, {www.verfassungsschutz.de/de/aktuelles/zur-sache/zs-2020-002-fachinformation-einstufung-des-fluegel-als-erwiesen-extremistische-bestrebung}, letzter Zugriff 19.11.2020.

206 Adorno formuliert das in Bezug auf die totale/entleerte Ideologie der »Kulturindustrie« und die »sogenannte Ideologie des Nationalsozialismus«: Würde man versuchen dieser ideologiekritisch zu begegnen, »man verfiele der ohnmächtigen Naivität« (Adorno, »Beitrag zur Ideologienlehre«, S. 465). Denn Ideologiekritik ist »als Konfrontation der Ideologie mit ihrer eigenen Wahrheit« nur so weit möglich, »wie jene ein rationales Element enthält, an dem die Kritik sich abarbeiten

kann«, wie z. B. Ideen wie »die des Liberalismus, des Individualismus, der Identität von Geist und Wirklichkeit« (ebd.).

Literaturverzeichnis

Theodor W. Adorno, *Aspekte des neuen Rechtsradikalismus. Ein Vortrag*, Frankfurt a. M. 2019.

Theodor W. Adorno, »Beitrag zur Ideologienlehre«, in: ders., *Gesammelte Schriften*, Bd. 8: *Soziologische Schriften I*, hg. v. Rolf Tiedemann, Frankfurt a. M. 1997, S. 457–477.

Theodor W. Adorno, »Negative Dialektik«, in: ders., *Gesammelte Schriften*, Bd. 6: *Negative Dialektik. Jargon der Eigentlichkeit*, hg. v. Rolf Tiedemann, Frankfurt a. M. 1997, S. 7–412.

Theodor W. Adorno, »Pseudomenos«, in: ders., *Gesammelte Schriften*, Bd. 4: *Minima Moralia. Reflexionen aus dem beschädigten Leben*, hg. v. Rolf Tiedemann, Frankfurt a. M. 2018, S. 122 f.

Theodor W. Adorno, »Zur Logik der Sozialwissenschaften«, in: ders., *Gesammelte Schriften*, Bd. 8: *Soziologische Schriften I*, hg. v. Rolf Tiedemann, Frankfurt a. M. 1997, S. 547–565.

Giorgio Agamben, »Die Erfindung einer Epidemie«, in: *Rubikon*, 21.03.2020, {www.rubikon.news/artikel/die-erfindung-einer-epidemie}, letzter Zugriff 17.06.2020.

Carolin Amlinger, Nicola Gess, »reality check. Wie die Corona-Krise kritische und weniger kritische Theorien auf den Prüfstand stellt«, in: *Geschichte der Gegenwart*, 01.07.2020, {geschichtedergegenwart.ch/reality-check-wie-die-corona-krise-kritische-und-weniger-kritische-theorien-auf-den-pruefstand-stellt/}, letzter Zugriff 04.07.2020.

Hannah Arendt, »Die Lüge in der Politik. Überlegungen zu den Pentagon-Papieren (1971)«, in: dies.,

Wahrheit und Lüge in der Politik. Zwei Essays, München 2013, S. 7–43.

Hannah Arendt, »Wahrheit und Politik«, in: dies., *Wahrheit und Lüge in der Politik. Zwei Essays*, München 2013, S. 44–92.

Thomas Assheuer, »Theodor W. Adorno. Wotan will das Ende«, in: *Die Zeit*, 24.07.2019, {www.zeit.de/2019/31/theodor-w-adorno-rechtsradikalismus-kapitalismus-buch}, letzter Zugriff 30.06.2020.

Michael Barkun, *A Culture of Conspiracy. Apocalyptic Visions in Contemporary America*, Berkeley 2013.

Walter Benjamin, »Der Weg zum Erfolg in dreizehn Thesen«, in: ders., *Gesammelte Schriften*, Bd. IV.1, hg. v. Tillman Rexroth, Frankfurt a. M. 1972, S. 349–352.

Eirikur Bergmann, *Conspiracy & Populism. The Politics of Misinformation*, Cham 2018.

Julius Betschka, Maria Fiedler, »Wenn Normalos mit Extremisten demonstrieren. Was sie eint, ist Misstrauen gegen den Staat«, in: *Der Tagesspiegel*, 17.05.2020, {www.tagesspiegel.de/themen/reportage/wenn-normalos-mit-extremisten-demonstrieren-was-sie-eint-ist-misstrauen-gegen-den-staat/25838126.html}, letzter Zugriff 17.06.2020.

Desmond Bieler, Cindy Boren, »German Golfer Bernhard Langer Disputes President Trump's Story About Unfounded Voter Fraud«, in: *The Washington Post*, 26.01.2017, {www.washingtonpost.com/news/early-lead/wp/2017/01/25/trumps-unfounded-voter-fraud-theory-was-fueled-by-german-golfer-bernhard-langer/?noredirect=on&utm_term=.2641b773296c}, letzter Zugriff 17.06.2020.

Samuli Björninen, »The Rhetoric of Factuality in Narrative. Appeals to Authority in Claas Relotius's

Feature Journalism«, in: *Narrative Inquiry* 29/2 (2019), S. 352–370.

Luc Boltanksi, *Rätsel und Komplotte. Kriminalliteratur, Paranoia, moderne Gesellschaft*, Berlin 2015.

Fritz Breithaupt, *Kultur der Ausrede*, Berlin 2012.

Fritz Breithaupt, »Staunen als Belohnung der Neugier. Wunder, Überraschung und Frage in narrativer Hinsicht«, in: Nicola Gess u. a. (Hg.), *Poetiken des Staunens. Narratologische und dichtungstheoretische Perspektiven*, Paderborn 2019, S. 37–50.

Johann Jacob Breitinger, *Critische Dichtkunst. Faksimiledruck nach der Ausgabe von 1740*, hg. v. Paul Böckmann und Friedrich Sengle, Stuttgart 1966.

J. Scott Brennen u. a., »Types, Sources, and Claims of COVID-19 Misinformation«, in: *Factsheet April 2020 des Reuters Institute for the Study of Journalism*, 07.04.2020, S. 1–13, {reutersinstitute.politics.ox.ac.uk/types-sources-and-claims-covid-19-misinformation}, letzter Zugriff 30.06.2020.

Ingrid Brodnig, *Lügen im Netz. Wie Fake News, Populisten und unkontrollierte Technik uns manipulieren*, Wien 2017.

Bundesamt für Verfassungsschutz, »Fachinformation zu Teilorganisationen der Partei ›Alternative für Deutschland‹ (AfD)«, *Bundesamt für Verfassungsschutz*, 12.03.2020, {www.verfassungsschutz.de/de/aktuelles/zur-sache/zs-2020-002-fachinformation-einstufung-des-fluegel-als-erwiesen-extremistische-bestrebung}, letzter Zugriff 19.11.2020.

Michael Butter, *»Nichts ist, wie es scheint«. Über Verschwörungstheorien*, Berlin 2018.

Emil Coué, *Die Selbstbemeisterung durch bewußte Autosuggestion*, Basel 1922.

Susanne Dagen, »Charta 2017«, 16.10.2017, {www.kulturhaus-loschwitz.de/charta-2017.html}, letzter Zugriff 17.06.2020.

Lars Distelhorst, *Kritik des Postfaktischen. Der Kapitalismus und seine Spätfolgen*, Paderborn 2019.

Gregor Dotzauer, »Adorno zum 50. Todestag. Die Vernunft der Verrückten«, in: *Der Tagesspiegel*, 12.07.2019, {www.tagesspiegel.de/kultur/adorno-zum-50-todestag-die-vernunft-der-verrueckten/24588444.html}, letzter Zugriff 30.06.2020.

Helmut Dubiel, »Ideologiekritik versus Wissenssoziologie. Die Kritik der Mannheimschen Wissenssoziologie in der Kritischen Theorie«, in: *Archiv für Rechts- und Sozialphilosophie* 61.2 (1975), S. 223–238.

Silke van Dyk, »Krise der Faktizität? Über Wahrheit und Lüge in der Politik und die Aufgabe der Kritik«, in: *PROKLA Zeitschrift für kritische Sozialwissenschaft* 188 (2017), S. 347–367.

Till Eckert, Alice Echtermann, »Große Verschwörung zum Coronavirus? Wie Ken Jebsen mit irreführenden Behauptungen Stimmung macht«, in: *CORRECTIV – Recherchen für die Gesellschaft*, 08.05.2020, {correctiv.org/faktencheck/2020/05/08/grosse-verschwoerung-zum-coronavirus-wie-ken-jebsen-mit-falschen-behauptungen-stimmung-macht/}, letzter Zugriff 17.06.2020.

Umberto Eco, *Im Wald der Fiktionen. Sechs Streifzüge durch die Literatur. Harvard-Vorlesungen (Norton Lectures 1992–93)*, aus dem Italienischen von Burkhart Kroeber, München, Wien 1994.

Brigitte Fehrle u. a., »Der Fall Relotius. Abschlussbericht der Aufklärungskommission«, in: *Spiegel*, 25.05.2019, S. 130–146, hier S. 137.

Monika Fludernik u. a., »Einleitung«, in: dies. (Hg.), *Faktuales und fiktionales Erzählen. Interdisziplinäre Perspektiven*, Würzburg 2015, S. 7–22.

Harry G. Frankfurt, *Bullshit*, Frankfurt a. M. 2006.

Max Paul Friedmann, »Lügen als politische Strategie. Trump lügt durchschnittlich fünfmal am Tag«, in: *Deutschlandfunk Kultur*, 03.01.2018, {www.deutschlandfunkkultur.de/luegen-als-politische-strategie-trump-luegt.1005.de.html?dram:article_id=407340}, letzter Zugriff 30.06.2020.

Natalia Frumkina, »Wer finanziert die WHO?«, 23.04.2020, in: *ARD-Faktenfinder*, {www.tagesschau.de/faktenfinder/who-finanzierung-101.html}, letzter Zugriff 17.06.2020.

Frank Gadinger, »Lügenpresse, gesunder Volkskörper, tatkräftiger Macher. Erzählformen des Populismus«, in: Michael Müller, Jørn Precht (Hg.), *Narrative des Populismus*, Wiesbaden 2019, S. 115–146.

Fritz Theodor Gallert, *Erfolg-Methode*, Dresden 1919.

Susanne Gaschke, »Wir schreiben einfach wundervoll. Der Fall Relotius und die Medien«, in: *Neue Zürcher Zeitung*, 20.12.2018, {www.nzz.ch/feuilleton/der-fall-relotius-und-die-medien-wir-schreiben-einfach-wundervoll-ld.1453300#back-register}, letzter Zugriff 19.11.2020.

Bill Gates, »A Coronavirus AMA. 31 questions and answers about COVID-19«, in: *GatesNotes. The Blog of Bill Gates*, 19.03.2020, {www.gatesnotes.com/Health/A-coronavirus-AMA}, letzter Zugriff 19.11.2020.

Gesellschaft für deutsche Sprache [GfdS], »GfdS wählt ›postfaktisch‹ zum Wort des Jahres 2016« [Pressemitteilung vom 9.12.2016], {gfds.de/wort-des-jahres-2016/}, letzter Zugriff 17.06.2020.

Nicola Gess, »Half-Truths. On an Instrument of Post-Truth Politics«, in: Ben Carver u. a. (Hg.), *Plots: Literary Form and Cultures of Conspiracy*, London [im Erscheinen].

Nicola Gess, »Versuch über die Halbwahrheit«, in: M. Martínez u. a. (Hg.), *Postfaktisches Erzählen*, Berlin [im Erscheinen].

Katrin Götz-Votteler, Simone Hespers, »Sprache und die Erfassung von Wirklichkeit«, in: dies., *Alternative Wirklichkeiten? Wie Fake News und Verschwörungstheorien funktionieren und warum sie Aktualität haben*, Bielefeld 2019, S. 107–132.

Thomas Hecken, »Das Missverständnis des ›Spiegel‹. Nicht nur zum ›Fälschungsskandal‹«, in: *POP. Kultur und Kritik* 15 (2019), S. 103–109.

Anna-Sophie Heinze, »Streit um demokratischen Konsens – Herausforderungen und Grenzen beim parlamentarischen Umgang mit der AfD«, in: Cathleen Bochmann, Helge Döring (Hg.), *Gesellschaftlichen Zusammenhalt gestalten*. Wiesbaden 2020, S. 121–135.

Vincent F. Hendricks, Mads Vestergaard, *Postfaktisch. Die neue Wirklichkeit in Zeiten von Bullshit, Fake News und Verschwörungstheorien*, München 2018.

Karl Hepfer, *Verschwörungstheorien. Eine philosophische Kritik der Unvernunft*, Bielefeld 2015.

Tim Hill, »Bernhard Langer: Trump Apologized to Me over Voter Fraud Story«, in: *The Guardian*, 09.02.2017, {www.theguardian.com/sport/2017/feb/09/bernhard-langer-donald-trump-golf-voter-fraud}, letzter Zugriff 17.06.2020.

Sonja Hilzinger, *Anekdotisches Erzählen im Zeitalter der Aufklärung. Zum Struktur- und Funktionswan-*

del der Gattung Anekdote in Historiographie, Publizistik und Literatur des 18. Jahrhunderts, Stuttgart 1997.

Thomas Hüetlin, »Brexit-Antreiber Johnson. Das Rumdrucksen des Tricksers«, in: *Der Spiegel*, 28.06.2016, {www.spiegel.de/politik/ausland/brexit-boris-johnson-wird-meist-gehasster-mann-englands-a-1100062.html}, letzter Zugriff 19.11.2020.

Gustav Ichheiser, *Kritik des Erfolges. Eine soziologische Untersuchung*, Leipzig 1930.

Rahel Jaeggi, »Was ist Ideologiekritik?«, in: dies., Tilo Wesche (Hg.), *Was ist Kritik?*, Frankfurt a. M. 2009, S. 266–295.

Frederic Jameson, *Postmodernism, or, The Cultural Logic of Late Capital*, Durham 1991.

Thomas Kater, »Von Fakes, ›fun facts‹ und anderen Alternativen«, in: Anya Heise-von der Lippe, Russell West-Pavlov (Hg.), *Literaturwissenschaften in der Krise. Zur Rolle und Relevanz literarischer Praktiken in globalen Krisenzeiten*, Tübingen 2018, S. 75–89.

Vera Katzenberger, Ina von der Wense, »Zwischen Fakten und Fiktion: Framing in der Berichterstattung über Claas Relotius' Fälschungen«, in: Astrid Schütz u. a. (Hg.), *Kolloquium Forsch*ende *Frauen 2019, Beiträge Bamberger Nachwuchswissenschaftlerinnen*, Bamberg 2020, S. 133–149.

Glenn Kessler, »Bogus ›vote fraud‹ claims proliferate on social media«, in: *The Washington Post*, 04.11.2020, {www.washingtonpost.com/politics/2020/11/04/bogus-vote-fraud-claims-proliferate-social-media/}, letzter Zugriff 19.11.2020.

Manuel Köster, »Alternative Fakten? Die sprachliche

Konstruktion des Faktizitätsanspruchs rechtspopulistischer historischer Narrative«, in: *Zeitschrift für Geschichtsdidaktik* 17 (2018), S. 72–86.

Albrecht Koschorke, *Adolf Hitlers »Mein Kampf«. Zur Poetik des Nationalsozialismus*, Berlin 2016.

Albrecht Koschorke, »Linksruck der Fakten«, in: *Zeitschrift für Medien- und Kulturforschung. Schwerpunkt Alternative Fakten* 9.2 (2018), S. 107–118.

Albrecht Koschorke, *Wahrheit und Erfindung. Grundzüge einer Allgemeinen Erzähltheorie*, Frankfurt a. M. 2012.

Kunsthaus Dresden, »Aufruf«, {kunsthausdresden.de/veranstaltungen/aufruf/}, letzter Zugriff 17.06. 2020.

Bruno Latour, *Elend der Kritik. Vom Krieg um Fakten zu Dingen von Belang*, Zürich 2007.

Claus Leggewie, Mathias Mertens, »Famanet. Das Internet als politische Gerüchteküche«, in: Jürgen Brokoff u. a. (Hg.), *Die Kommunikation der Gerüchte*, Göttingen 2008, S. 191–204.

Vera Lengsfeld, »Lieber Suhrkamp-Verlag«, 10.03. 2018, {vera-lengsfeld.de/tag/karin-grossmann/}, letzter Zugriff 17.06.2020.

Kurt Lenk (Hg.), *Ideologie. Ideologiekritik und Wissenssoziologie*, Darmstadt, Neuwied 1976.

Theresa Locker, »›1800 netto für Merkels Gäste‹. Neonazis hetzen mit Altpapier gegen siebenköpfige Familie«, in: *Motherboard*, 04.09.2017, {motherboard.vice.com/de/article/8xxjgb/1800-netto-fur-merkels-gaste-neonazis-hetzen-mit-altpapier-gegen-siebenkopfige-familie}, letzter Zugriff 17.06.2020.

Matías Martínez, Christian Klein, »Einleitung zu *Wirklichkeitserzählungen*«, in: dies. (Hg.), *Wirk-*

lichkeitserzählungen. Felder, Formen und Funktionen nicht-literarischen Erzählens, Stuttgart 2009, S. 1–14.

Stephanie Marx, »Die Reportage. Gebrauchsgattung zwischen Literatur und Journalismus«, in: *undercurrents – Forum für linke Literaturwissenschaft* (2020), S. 1–13.

Timothy Melley, *Empire of Conspiracy. The Culture of Paranoia in Postwar America*, Ithaca 2000.

Jörg Metelmann, »Der Extremismus der Mitte. Hassrede und Ressentiment in der populistischen Gegenwart«, in: Jürgen Brockoff, Robert Walter-Jochum (Hg.), *Hass/Literatur. Literatur- und kulturwissenschaftliche Beiträge zu einer Theorie- und Diskursgeschichte*, Bielefeld 2019, S. 119–138.

David Mikkelson, »Is Tetanus Vaccine Spiked with Sterilization Chemicals?«, in: *Snopes*, 10.11.2014, {www.snopes.com/fact-check/tetanus-vaccine-sterilization/}, letzter Zugriff 19.11.2020.

Juan Moreno, *Tausend Zeilen Lüge. Das System Relotius und der deutsche Journalismus*, Berlin 2019.

Christian Moser, »Die supplementäre Wahrheit des Anekdotischen: Kleists Prinz Friedrich von Homburg und die europäische Tradition anekdotischer Geschichtsschreibung«, in: *Kleist-Jahrbuch*, hg. v. Günter Blamberger u. a., Stuttgart, Weimar 2006, S. 23–44.

Jan-Werner Müller, *Was ist Populismus? Ein Essay*, Berlin 2016.

Michael Müller, »Narrative, Erzählungen und Geschichten des Populismus. Versuch einer begrifflichen Differenzierung«, in: ders., Jørn Precht (Hg.), *Narrative des Populismus*, Wiesbaden 2019, S. 1–10.

Jonas Mueller-Töwe, »Corona-Video im Faktencheck. Das ist dran an Ken Jebsens großer Gates-Verschwörung«, in: *t-online.de*, 16.05.2020, {www.t-online.de/nachrichten/panorama/id_87836534/faktencheck-zu-ken-jebsens-corona-verschwoerungs-theorien-um-bill-gates.html}, letzter Zugriff 17.06.2020.

Russel Muirhead, Nancy L. Rosenblum, *A Lot of People Are Saying. The New Conspiratism and the Assault on Democracy*, Princeton, Oxford 2019.

Hans-Joachim Neubauer, *Fama. Eine Geschichte des Gerüchts*, Berlin 2009.

Katharina Nocun, Pia Lamberty, »Impfgegner, Krebsmythen und die Aids-Verschwörung. Verschwörungsdenken im Gesundheitsbereich«, in: dies., *Fake Facts. Wie Verschwörungstheorien unser Denken bestimmen*, Köln 2020, S. 179–200.

Ohne Autor, »Angebliches Gespräch über Wahlbetrug. Bernhard Langer bestreitet Trumps Darstellung«, in: *Spiegel Online*, 27.01.2017, {www.spiegel.de/politik/ausland/donald-trump-bernhard-langer-bestreitet-gespraech-ueber-wahl betrug-a-1131928.html}, letzter Zugriff 17.06.2020.

Ohne Autor, »Bill Gates will use microchip implants to fight coronavirus«, in: *biohackinfo.com*, 19.03.2020, {biohackinfo.com/news-bill-gates-id 2020-vaccine-implant-covid-19-digital-certificates/?fbclid=IwAR28OKNVYJ1fEXnjHdCBwvEc5 GqLuv3ocqLjX8MDHSp_n_oLy7OdgwiKE5U}, letzter Zugriff 30.06.2020.

Ohne Autor, »Grippeimpfung: Wie Pandemrix eine Narkolepsie auslöst«, in: *Deutsches Ärzteblatt*, 02.07.2015, {www.aerzteblatt.de/nachrichten/633

56/Grippeimpfung-Wie-Pandemrix-eine-Narkolepsie-ausloest}, letzter Zugriff 17.06.2020.

Ohne Autor, »Joffe (ZEIT) ruft zum Mord im Weißen Haus auf«, in: *pi-news.net*, 23.01.2017, {www.pi-news.net/2017/01/joffe-zeit-ruft-zum-mord-im-weissen-haus-auf/}, letzter Zugriff 17.06.2020.

Ohne Autor, »Konzept«, in: *Sezession*, {sezession.de/konzept}, letzter Zugriff 17.06.2020.

Ohne Autor, »Narkolepsie: Molekulare Mimikry erklärt Komplikation von Grippe und Impfung«, in: *Deutsches Ärzteblatt*, 19.12.2013, {www.aerzteblatt.de/nachrichten/57016/Narkolepsie-Molekulare-Mimikry-erklaert-Komplikation-von-Grippe-und-Impfung?s=Science+Translational+Medicine}, letzter Zugriff 17.06.2020.

Ohne Autor, »Projekt Globale Gesellschaft. Fragen und Antworten zur Förderung durch die Gates-Stiftung«, in: *Spiegel Backstage,* 14.05.2020, {www.spiegel.de/backstage/fragen-und-antworten-zur-foerderung-durch-die-bill-and-melinda-gates-stiftung-a-dac661f6-210a-4616-b2d2-88917210fed4}, letzter Zugriff 17.06.2020.

Ohne Autor: »Rechte Äußerungen. Suhrkamp distanziert sich von Autor Uwe Tellkamp«, in: *Der Spiegel*, 09.03.2018, {www.spiegel.de/kultur/literatur/uwe-tellkamp-suhrkamp-distanziert-sich-von-autor-a-1197266.html}, letzter Zugriff 19.11.2020.

Ohne Autor, »Transcript: Donald Trump at the G.O.P. Convention«, *The New York Times*, 22.07.2016, {www.nytimes.com/2016/07/22/us/politics/trump-transcript-rnc-address.html}, letzter Zugriff 17.06.2020.

Ohne Autor, »US sends 3.600 tanks against Russia – Massive NATO deployment on the way«, in: *DONi News*, 04.01.2017, {dninews.com/article/us-sends-3600-tanks-against-russia-massive-nato-deployment-underway}, letzter Zugriff 28.06.2020.

Orkan Okan u. a., *Gesundheitskompetenz der Bevölkerung im Umgang mit der Coronavirus-Pandemie. Studie im Auftrag des Interdisziplinären Zentrums für Gesundheitskompetenzforschung der Universität Bielefeld und der Hertie School of Governance, durchgeführt vom Institut für Demoskopie Allensbach*, Bielefeld 2020, S. 1–12. PDF zugänglich unter https://oepgk.at/wp-content/uploads/2020/04/gesundheitskompetenz-und-corona-bericht.pdf.

Karin Priester, »Umrisse des populistischen Narrativs als Identitätspolitik«, in: Michael Müller, Jørn Precht (Hg.), *Narrative des Populismus. Erzählmuster und -strukturen populistischer Politik*, Wiesbaden 2019, S. 11–25.

Jens-Christian Rabe, »Politische Theorie. Sich dem Rechtsradikalismus stellen – mit der Kraft der Vernunft«, in: *Süddeutsche Zeitung*, 20.07.2019, {www.sueddeutsche.de/kultur/aspekte-des-neuen-rechtsradikalismus-adorno-rezension-suhrkamp-1.4531555}, letzter Zugriff 30.06.2020.

Jennifer Rankin, Jim Waterson, »The Real Boris Johnson. How Boris Johnson's Brussels-bashing stories shaped British politics«, in: *The Guardian*, 14.07.2019, {www.theguardian.com/politics/2019/jul/14/boris-johnson-brussels-bashing-stories-shaped-politics}, letzter Zugriff 19.11.2020.

Andreas Reckwitz, »Kritische Gesellschaftstheorie heute«, in: ders., *Unscharfe Grenzen. Perspektiven der Kultursoziologie*, Bielefeld 2008, S. 283–299.

Jonas Rees u. a., *Erste Ergebnisse einer Online-Umfrage zur gesellschaftlichen Wahrnehmung des Umgangs mit der Corona-Pandemie in Deutschland*, Bielefeld 2020, S. 1--22. PDF zugänglich unter https://pub.uni-bielefeld.de/download/2942930/2942931/Rees%20et%20al.%20Erste%20Ergebnisse%20einer%20Online-Umfrage%20zur%20gesellschaftlichen%20Wahrnehmung%20des%20Umgangs%20mit%20der%20Corona-Pandemie%20in%20Deutschland.pdf.

Jan Rehmann, »Ideologiekritik. Die Ideologiekritik der Kritischen Theorie«, in: Uwe Bittlingmayer u. a. (Hg.), *Handbuch Kritische Theorie*, Wiesbaden 2016, S. 1–38.

Reuters, »Fact check: Clip of Biden taken out of context to portray him as plotting a voter fraud scheme«, 29.10.2020, {www.reuters.com/article/uk-fact-check-biden-voter-protection-not-idUSKBN27E2VH}, letzter Zugriff 19.11.2020.

Reuters, »False Claim: Bill Gates Planning to Use Microchip Implants to Fight Coronavirus«, 31.03.2020, {www.reuters.com/article/uk-factcheck-coronavirus-bill-gates-micr/false-claim-bill-gates-planning-to-use-microchip-implants-to-fight-coronavirus-idUSKBN21I3EC}, letzter Zugriff 17.06.2020.

Rundfunk Berlin-Brandenburg, »Stefan Warbeck gibt Programmverantwortung für rbb-Jugendprogramm ›Fritz‹ ab – rbb trennt sich von Moderator Ken Jebsen«, 23.11.2011, {www.rbb-online.de/unternehmen/der_rbb/teaser_2011/stefan_warbeck_gibt.html}, letzter Zugriff 28.06.2020.

Philipp Sarasin, »#Fakten. Was wir in der Postmoderne über sie wissen können«, in: *Geschichte der*

Gegenwart, 09.10.2016, {geschichtedergegenwart.ch/fakten-was-wir-in-der-postmoderne-ueber-sie-wissen-koennen/}, letzter Zugriff 30.06.2020.

Matthias Schaffrick, »›Das wird man ja wohl noch sagen dürfen‹. Rhetorik und Poetik der populistischen Phrase«, in: Stefan Neuhaus, Immanuel Nover (Hg.), *Das Politische in der Literatur der Gegenwart*, Berlin 2018, S. 79–108.

Walter Serner, *Letzte Lockerung. Ein Handbrevier für Hochstapler und solche, die es werden wollen*, hg. v. Andreas Puff-Trojan, Zürich 2007.

Peter Sloterdijk, *Kritik der zynischen Vernunft*, 2 Bde., Frankfurt a. M. 1983.

Der Spiegel, »Der Fall Relotius. Die Original-Texte und die Ergebnisse der Überprüfung«, 2019, {www.spiegel.de/media/a3a46a28-7ac2-480e-b3a8-97366f1f4c1e/CR-Dokumentation.pdf}, letzter Zugriff 17.06.2020.

Thomas Sprecher, *Literatur und Verbrechen. Kunst und Kriminalität in der europäischen Erzählprosa um 1900*, Frankfurt a. M. 2015.

Bettina Stangneth, *Lügen lesen*, Reinbek bei Hamburg 2017.

Holger Stark, »Claas Relotius. Ein Fall für die Lehrbücher«, in: *Zeit Online*, 21.12.2018, {www.zeit.de/gesellschaft/zeitgeschehen/2018-12/claas-relotius-faelschung-journalismus-spiegel-betrug/komplettansicht}, letzter Zugriff 19.11.2020.

Harald Staun, »Brexit-Wortführer Boris Johnson. Der Mann, der nie an seine Sätze glaubt», in: *FAZ.NET*, 03.07.2016, {www.faz.net/aktuell/feuilleton/debatten/boris-johnsons-zeit-als-korrespondent-in-bruessel-14319181-p2.html}, letzter Zugriff 19.11.2020.

Ignatz Straßnoff, *Ich, der Hochstapler Ignatz Straßnoff*, Berlin 1926.

Thomas Strässle, *Fake und Fiktion. Über die Erfindung von Wahrheit*, München 2019.

Robert Suter, »Bluff und Autosuggestion. Wege zum Erfolg in der Weimarer Republik (Walter Benjamin, Johannes Baader, Emile Coué, Walter Serner)«, in: Ulrich Johannes Beil u. a. (Hg.), *Aura und Auratisierung. Mediologische Perspektiven im Anschluss an Walter Benjamin*, Zürich 2014, S. 325–348.

Uwe Tellkamp, »Der Moralismus der ›Vielen‹ – Ein Offener Brief von Uwe Tellkamp«, in: *Sezession* 87 (2018), S. 27–31, {sezession.de/59871/der-moralismus-der-vielen-ein-offener-brief-von-uwe-tellkamp}, letzter Zugriff 17.06.2020.

Glenn Thrush, »Trump's Voter Fraud Example? A Troubled Tale With Bernhard Langer«, in: *The New York Times*, 25.01.2017, {www.nytimes.com/2017/01/25/us/politics/trump-bernhard-langer-voting-fraud.html}, letzter Zugriff 17.06.2020.

Kira Urschinger, »Faktencheck: KenFM-Video ›Gates kapert Deutschland!‹«, in: *SWR3 Faktencheck: Fake News*, 21.05.2020, {www.swr3.de/aktuell/fake-news-check/faktencheck-ken-jebsen-kenfm-bill-gates-corona-100.html}, letzter Zugriff 17.06.2020.

Sabrina Wagner, »Der Blick von oben: Uwe Tellkamp. Der Schriftsteller als Bildungsbürger und Schöpfer«, in: dies., *Aufklärer der Gegenwart. Politische Autorschaft zu Beginn des 21. Jahrhunderts – Juli Zeh, Ilija Trojanow, Uwe Tellkamp*, Göttingen 2015, S. 209–276.

David Weigel, »Body Doubles, Secret Doctors: Clinton Conspiracy Theories Blossom After Pneumonia Diagnosis«, in: *The Washington Post*, 12.09. 2016, {www.washingtonpost.com/news/post-politics/wp/2016/09/12/body-doubles-secret-doctors-clinton-conspiracy-theories-blossom-after-pneumonia-diagnosis/?noredirect=on&utm_term=.4a5801c728e0}, letzter Zugriff 17.06.2020.

Katrin Woitsch, »Hetze im Internet wegen Kontoauszug von Flüchtlingen«, in: *OVB online*, 30.08. 2017, {www.ovb-online.de/weltspiegel/bayern/hetze-internet-wegen-kontoauszug-fluechtling-8638568.html}, letzter Zugriff 17.06.2020.

Andre Wolf, »Geheimaktion WHO und Unicef: Frauen sterilisieren? Faktencheck!«, in: *mimikama – Verein zur Aufklärung über Internetmissbrauch*, 13.04.2020, {www.mimikama.at/allgemein/geheimaktion/}, letzter Zugriff 17.06.2020.

World Health Organization, »Contributors«, {open.who.int/2018-19/contributors/contributor}, letzter Zugriff 17.06.2020.

Erich Wulffen, *Die Psychologie des Hochstaplers*, Leipzig 1923.

Filme

FactCheck, »Pre-Debate FactCheck: Donald Trump and Hearsay«, in: *FactCheck*, 20.09.2016, {www.youtube.com/watch?v=vjhhToB-sFA}, letzter Zugriff 17.06.2020.

Ken Jebsen, »Gates kapert Deutschland!«, in: *KenFM*, 03.05.2020, {www.youtube.com/watch?v=DxzMpNoZOL0}, letzter Zugriff 17.06.2020.

Ken Jebsen, »Gesicht zeigen!«, in: *KenFM*, 11.05. 2020, {www.youtube.com/watch?v=j73pXNklhFc}, letzter Zugriff 17.06.2020.

Kulturhauptstadtbüro Dresden 2025, »Streitbar! Wie frei sind wir mit unseren Meinungen?«, *Landeshauptstadt Dresden*, 01.10.2018, {www.youtube.com/watch?v=xlFUi0Zbr-g}, letzter Zugriff 17.06.2020.

Nils Metzger, »Video über Corona-Maßnahmen. Warum Sie Ken Jebsen nicht vertrauen sollten«, *ZDF*, 08.05.2020, {www.zdf.de/nachrichten/panorama/coronavirus-kenfm-jebsen-faktencheck-100.html}, letzter Zugriff 17.06.2020.

Ohne Autor, »Hochstapler Relotius verklagt Aufdecker Moreno«, in: *Zapp, das Medienmagazin*, 30.10. 2019, {www.ndr.de/fernsehen/sendungen/zapp/Hochstapler-Relotius-verklagt-Aufdecker-Moreno,zapp12068.html}, letzter Zugriff 19.11.2020.

Ohne Autor, »Meet the Press. Conway: Press Secretary Gave ›Alternative Facts‹«, in: *NBC News*, 22.01. 2017, {www.nbcnews.com/meet-the-press/video/conway-press-secretary-gave-alternative-facts-860142147643}, letzter Zugriff 18.11.2020.

Todd Phillips, *Joker*, USA 2019, DVD Warner Bros. Home Entertainment, Joker, Hamburg 2020.

Pod Save America, »We got Joe!«, 25.10.2020, {crooked.com/podcast/joe-biden-pod-save-america-interview/}, letzter Zugriff 19.11.2020.

Presseclub, »Trump im Amt – Können wir uns auf Amerika noch verlassen?«, in: *Phoenix*, 22.01.2017, {www.youtube.com/watch?v=q2G_vdMkNu8&list=PL6B3FCDFE971139C8&index=56&t=0s}, letzter Zugriff 17.06.2020.

Donald J. Trump, »Joe Biden brags about having ›the most extensive and inclusive VOTER FRAUD organization‹ in history«, *YouTube*, 25.10.2020, {www.youtube.com/watch?v=MA8a2g6tTp0}, letzter Zugriff 19.11.2020.

Dank

Dieses kleine Büchlein hat sehr profitiert von den Diskussionen mit den Kolleginnen des SNF-Forschungsprojekts *Halbwahrheiten. Wahrheit, Fiktion und Konspiration im ›postfaktischen Zeitalter‹* an der Universität Basel, namentlich Carolin Amlinger, Lea Liese und Hevin Karakurt, und den Projektpartnern Oliver Nachtwey und Cornelius Puschmann. Gleiches gilt für die Kolleginnen und Kollegen im europäischen COST-Network *Comparative Analysis of Conspiracy Theories in Europe*, in dessen Kontext ich im Mai 2019 auf einer Tagung in Huelva das zweite Kapitel dieses Essays vorstellen konnte, sowie für die Kolleginnen und Kollegen im Leibniz-Zentrum für Literatur- und Kulturwissenschaften (ZFL) in Berlin, an dem ich im Juli 2019 zu Gast sein und das zweite und fünfte Kapitel zu Gehör bringen durfte. Ihnen allen sowie Agnes Hoffmann und Simone Sumpf, die das Büchlein sorgfältig lektoriert haben, gebührt mein herzlicher Dank.

Vierte Auflage Berlin 2022

MSB Matthes & Seitz Berlin
Verlagsgesellschaft mbH
Göhrener Str. 7 | 10437 Berlin
info@matthes-seitz-berlin.de

Satz: Monika Grucza-Nápoles, Berlin
Druck und Bindung: Art-Druk, Szczecin
Umschlaggestaltung nach einer Idee von Pierre Faucheux
ISBN 978-3-7518-0512-4